U0642690

勿使前辈之遗珍失于我手
勿使国术之精神止于我身

格斗技的科学

以弱胜强的秘密

〔日〕吉福康郎 ◎ 著

宋卓时 ◎ 译

北京科学技术出版社

KAKUTOGI NO KAGAKU

BY YASUO YOSHIFUKU

Copyright © 2011 YASUO YOSHIFUKU

Original Japanese edition published by SB Creative Corp.

All rights reserved

Chinese (in simplified character only) translation copyright © 2021 by Beijing Science and Technology Publishing Co., Ltd.

Chinese (in simplified character only) translation rights arranged with SB Creative Corp., Tokyo through Bardon-Chinese Media Agency, Taipei.

著作权合同登记号　图字：01-2020-7516

图书在版编目（CIP）数据

格斗技的科学：以弱胜强的秘密 /（日）吉福康郎
著；宋卓时译 . — 北京：北京科学技术出版社，
2021.3

ISBN 978-7-5714-1099-5

Ⅰ . ①格… Ⅱ . ①吉… ②宋… Ⅲ . ①格斗 Ⅳ .
① G85

中国版本图书馆 CIP 数据核字 (2021) 第 000895 号

作　　者：〔日〕吉福康郎		社　　址：北京西直门南大街 16 号	
译　　者：宋卓时		邮政编码：100035	
策划编辑：胡志华		电　　话：0086-10-66135495（总编室）	
责任编辑：胡志华		0086-10-66113227（发行部）	
责任校对：贾　荣		网　　址：www.bkydw.cn	
封面设计：志　远		印　　刷：北京盛通印刷股份有限公司	
版式设计：创世禧		开　　本：710mm×1000mm　1/16	
责任印制：张　良		字　　数：221 千字	
出 版 人：曾庆宇		印　　张：14.5	
出版发行：北京科学技术出版社		版　　次：2021 年 3 月第 1 版	
ISBN 978-7-5714-1099-5		印　　次：2021 年 3 月第 1 次印刷	

定　　价：129.00 元

编 辑 者 言

《潜确类书》卷六十载：

李白少读书，未成，弃去。道逢老妪磨杵，白问其故。曰："欲作针。"白感其言，遂卒业。

李白聪颖，他能"感其意"，并付诸有效的行动。

学功夫，最难的，恐怕不是下不了苦功，而是不能"感其意"。

以前，武者多椎鲁不文，常借用日常之物、劳作之事来表达其意，这倒不失为朴素的好办法。世代同乡同里，风俗早就渗进血脉里，所见所感自然无须多费口舌。悟性好的，能"感其意"而化于自身，肯花工夫，功夫终究能上身。

但，离了此情此景，凭几句口诀、几篇拳谱，则很难推断出其具体练法。

到如今，科学昌明，武者也不再局限于口传、身授、心记，图文、视频等都可作为记录手段。书刊之丰富，前所未有。可是，不论是手抄本，还是出版物，抑或是师徒之间的授受，隔山、隔纸、隔烟的困惑从未消失。

这其实是一个令人匪夷所思的现象。

即使受限于文言之于白话的难懂、方言之于普通话的障碍、授者与受者之水平高低，功夫，总归是"人"这一个统统是躯干加四肢的有形之体承载下来的，怎么会变成一门难以自明的学问？

于是，不泥古、不厚今，剖开表象，觅求功夫的实质，找到具体而有效的训练方法，让更多人受益于其健养之效，进而对防卫有一定裨益，乃至获得修养之资粮，就是这套丛书最初的缘起。所以，不限年代，不限国别，不论是借助多学科的现代分析，还是侧重明心见性的东方智慧，只要是对功夫这种探究人体运动的学问有精诚探索的读物，都在本丛书所收之列。

当然，我们已知的科学不能穷尽功夫的原理，更不能穷尽人体的奥秘。

正因为如此，我们不应排斥先贤的智慧，更不应止步于此。

共勉。

2019 年 9 月

译者序

  竞技型格斗术和传统武术的强弱之争由来已久，有人说驰骋赛场的竞技型格斗术远胜不合时宜的传统武术，也有人说摘了拳套、离开裁判保护的竞技型格斗术在你死我活的真实打斗中就是剥了壳的大闸蟹。其实，就这一点争执不休本身就是在浪费我们宝贵的精力和时间。

  竞技体育最大的特征就是它有完备的规则保护选手的安全，使其具有很强的竞技性、持续性和可观赏性。而脱胎于古代搏杀技术的传统武术则具有很强的杀伐性，以击败甚至杀伤敌方为终极目标。这种本质上的不同意味着传统武术是无规则所言的，生死一瞬间的战场上遵守规则意味着人为刀俎。

  竞技型格斗术和传统武术本质上不同的理念直接导致二者在技术（招式招法）、训练方法（功力锻炼）、战术战法（武术心法）等各个方面呈现完全不同的形态。以通背拳和咏春拳为例，二者同为传统武术，一旦套上拳套，讲究"冷弹脆快硬，沉长活柔巧"的通背拳所受影响就会较小，但咏春拳的防守核心——"摊""伏"二手则根本用不出来，其实战威力直接被拳套打了对折，只能凭膀手、劈手、日字连环锤苦苦支撑。同样，拳击手碰上精通中国式摔跤的人也是无从下手，因为拳击规则除了严禁抓拿反关节之外，搂抱时还不允许摔投对方。因此，缺乏摔投训练和防摔训练的拳击手在对阵摔跤手时，如果不能在交手的瞬间两三拳将对方放倒的话，一旦对方近身，则拳击手凶多吉少。摔法在街头实战中的可怕威力本书已经剖析得十分细致，在此无须多言。

时至今日，传统武术要想继续发扬光大，一方面需要更多的优秀传人来继承和保护，另一方面就需要我辈武术工作者研究出一套既能有效保证比赛安全，又能全面展现传统武术魅力的竞技规则。我认为，日本武术家和格斗运动员的努力和成果是非常值得我们学习和借鉴的，而这也是本书的重要价值之一。

冷兵器时代早已结束，就实战效能来讲，竞技型格斗术也好，传统武术也罢，在高科技热兵器面前已无用武之地。不过，就像本书作者吉福康郎先生说的那样，习练武艺的目的是通过磨炼肉体使我们的内心更为强大。除此之外，我还想补充一点，那就是习练不同类型的武术还有助于我们用不同的思维去解决问题，比如，和平安全的现代社会需要的是有规则保护的竞技型格斗术的思维方式，它可以提高我们的运动能力，让我们养成坚韧不拔的品格。然而在面临复杂局势下的竞争时，传统武术的思维更加重要，传统武术可以让我们头脑灵活，使我们在处理问题的时候更加游刃有余。所以，放弃功利心和好胜心，根据个人身体条件或者喜好，踏踏实实地选择一门竞技型格斗术或者传统武术不断修炼我们的身心方为正道。

最后，关于"术"与"技"的区别，其实早在东汉许慎的《说文解字》中已有定论，"术，邑中道也""技，巧也"。而后，"术"字渐渐引申为"成体系的技艺"，如苏轼在《教战守》中就有"役民三司盗者，授以击刺之术"的说法。由此我们知道，"格斗术"指的是成体系的格斗搏击技艺，而"格斗技"意为具体的格斗搏击技巧、招法。日语中的"术"和"技"两个字无论是字形还是字义都完全承自中国的古汉语，所以从全书内容来看，我认为将书名译为"格斗技的科学"更为贴切一些。

如果我的努力能为广大搏击爱好者、武术教学工作者以及竞技型格斗比赛选手尽上一分绵薄之力，那将是我的无上光荣。

宋卓时

2020 年 9 月

前　言

　　我这个人天生体质弱，小时候的我连基本的体育运动都应付不来，更不要说格斗这种危险又恐怖的项目了。弹指之间我已经六十多岁了，现在，即使面对大学里打击类格斗术社的主力队员，我也可以凭借经验和技艺略占上风，即使对阵大学里合气道社或者柔道社的黑带，我也可以运用战术轻松将其放倒。从过去到现在，我身上发生的变化连我自己都不敢相信。

　　我之所以会有如此天翻地覆的变化，不过是因为我常年致力于用医学、力学、运动生理学等科学方法来解析武术，并将这些研究成果应用到我自己的身上罢了。

　　我一直认为，如果能弄清武艺高强的人为什么强，那么我自己不也能像他们一样由弱变强了吗？思前想后，我决定在本书中把自己多年的研究成果以简明易懂的方式展现出来，与各位读者一起分享。天赋异禀的读者自不必说，那些缺乏自信的读者如果能坚持采用本书中介绍的科学、高效的方法训练，相信终有一日能够找回勇气、重塑自我。

　　日本古代声名显赫的武术家都会把自己的练功心得或者比武经验以诗歌的形式留给后世，我也姑且效仿古人，把自己关于格斗技和传统武术的研究成果以"都都逸民谣"的形式记录下来，与诸君共勉。

　　第 1 章"击打的科学"、第 2 章"拳法的科学"和第 3 章"腿法的科学"将分别为读者介绍各种击打技法是如何产生巨大冲击力的，犀利的快拳和穿透力强的重拳为什么会产生不同的冲击力，怎样调动身体才能产生足够的冲击力等内容。此外还会为读者解析拳法中的贴身发力和腿法中的一踢双击、两段踢法的原理和奥秘。

快拳击面重击身，灵活运用要分明。
手腕才有几分力，强手往往腰间出。
若想起脚把人伤，利腿① 要似胸前生。

第 4 章"抓拿法、摔投技法、反关节技的科学"和第 5 章"防守的科学"将从力学角度解析各种摔投技法和反关节技法的原理，以及如何灵巧有效地防御或者反击体格比自己大的对手的拳打、脚踢、抓拿、身体冲撞等攻击。

三点发力拔根起，连扭带抛地上摔。
小小手腕扶风柳，牵动树梢把根摇。
拳打脚踢肩膀撞，缩身巧闪莫硬扛。

第 6 章"训练和修行的科学"和第 7 章"徒手打斗与持械对抗的科学"将会为大家介绍如何避免低效率的训练和不必要的肌肉增长，以及如何用传统武术解决竞技型格斗术在街头实战中无法处理的问题，比如，如何一打多、如何应对持械的对手，等等。

耳聪目明心思快，灵机应变方称雄。
死练把式活用招，胜者为王败者贼。

---

① 译者注：利腿，指击打威力大的踢腿。

科学难解丹田气，用过方知其中妙。

如果各位读者能够理解书中关于格斗技的解析和原理并坚持训练的话，相信一定能够受益匪浅、所获良多。希望各位读者能通过不断进取的武道修行锻炼出坚韧不拔的意志和一颗良善友爱、富于正义感的心。

吉福康郎

2011 年 10 月

目 录
CONTENTS

第1章 击打的科学

人体的击打是如何产生冲击力的

不只是拳打脚踢会产生冲击力，当某物体以一定速度运动并撞击到另外一个物体（目标）的时候，即使撞击的速度在短时间内迅速变慢甚至完全停止，该物体也会对被撞击物体（目标）产生冲击力。根据**作用力与反作用力法则**，该物体作用到目标上的力与目标作用到该物体上的反作用力大小相等、方向相反。在作用力与反作用力的共同作用下，被撞击物体（如果没有被固定住的话）会被撞飞，而撞击目标的物体则会在短时间内突然减速或者完全停止。

物体的质量越大、速度越快，其产生的冲击力就越大，撞击目标时的惯力就越猛（图 1–1）。运动物体带有的这股势头被称为**动量**，动量与物体质量和速度的关系可以用下面的公式表达：

动量 = 质量 × 速度

公式中的质量可以近似看作重量。在物体与被撞击目标（被固定住）接触的瞬间，冲击力就产生了。随着接触面积越来越大，冲击力也逐渐变大。如上文所述，撞击瞬间的冲击力越大，物体的运动速度减慢得越快，直到物体最后完全停止，冲击力也随之完全消失。

我们通常用冲击力曲线来表示物体在撞击目标时冲击力的变化情况（图 1–2）。从冲击力曲线中我们主要得出的信息包括曲线顶点所表示的**冲击力最大值 F_M** 以及由曲线与横轴之间的阴影所表示的**冲量 I**。

我们经常说的"某个人一拳有多少千克力[①]"实际上指的是冲击力的最大值 F_M。假设击打目标为对方头部，冲击力的最大值越大，施加给对方头部的加速度就越大，对方颅骨内的大脑产生的震荡也就越大，由震荡带来的杀伤力也就越大。**我们可以用"迅猛的击打"来形容瞬间冲击力很大的击打。** 当冲击力的最大

[①] 1 千克力（kilogram-force，kgf），指质量 1 千克的物体所承受的重力，也可以认为是质量 1 千克的物体静止放置的时候所产生的压力。1 千克力（kgf）=9.80665 牛（N）。

图1-1　质量与速度的关系

质量 m

速度 v

动量＝质量 m × 速度 v＝mv
物体的质量越大、速度越快，
其动量就越大

图1-2　冲击力曲线（冲击力 F 与时间 T 之间的关系）

F_M：最大冲击力

I：冲量

T：冲击力的作用时间（根据格斗术或者武术的招式不同，冲击力的作用时间从数毫秒到数十毫秒不等）

＊1毫秒＝$\frac{1}{1000}$秒

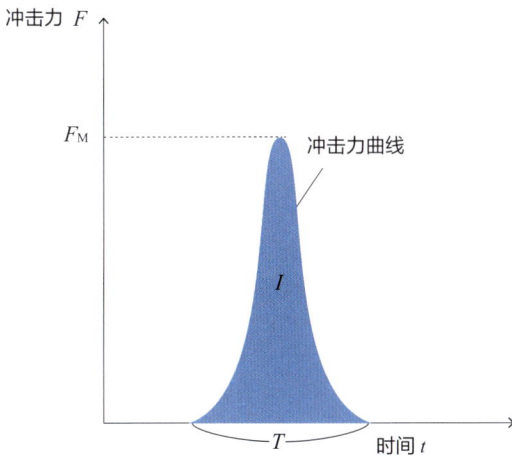

冲击力　F

F_M

冲击力曲线

I

T

时间 t

🔶冲击力的作用时间 T 很短，冲量 I 虽然不大，但是瞬间冲击力可以达到最大值 F_M（迅猛的击打）

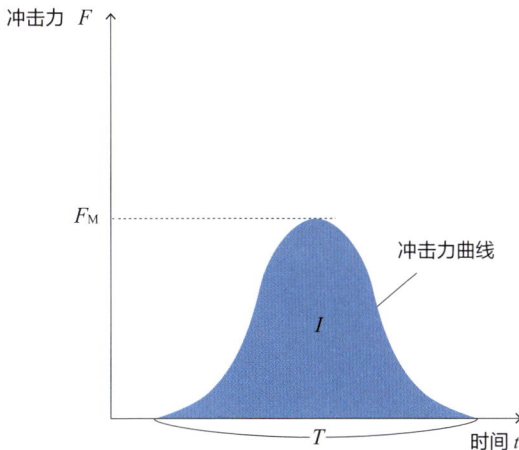

冲击力　F

F_M

冲击力曲线

I

T

时间 t

🔶最大冲击力 F_M 相对较小，但是冲击力的作用时间 T 较长，这使得冲量 I 反倒变得很大（沉重的击打）

值固定不变的时候，冲击力持续作用的时间越长，冲击力曲线与横轴之间的阴影面积（即冲量 I）也就越大。冲量与被撞击物体的动量之间的关系用以下公式（因为具体计算过程十分复杂繁琐，所以我暂且将其省略）：

冲量 = 被撞击物体的动量

此外，如果被撞击物体没有被固定住的话，冲量与被撞击物体的动量之间的关系用以下公式表示：

施加给目标的冲量 = 被撞击并发生位移的物体的动量

如果出拳时冲量大且作用时间长，拳头就会侵入人体。如果被击打的人体重固定不变，被施加的冲量越大，受拳头击打的部位向后移动的速度就越快。因此，我们通常用"沉重的击打"来形容冲量很大的击打。

如前所述，被撞击物体的动量如果固定不变的话，无论该物体质地坚硬与否，冲量都会保持不变，但是冲击力的最大值却会受到影响。冲击力作用时间越短，冲击力最大值就越大，反之，冲击力作用时间越长，冲击力最大值就越小（图 1-3）。也就是说，同样一拳，如果击打在像木头一样坚硬的身体部位，其作用时间会很短，所以冲击力最大值就会变大；反过来，如果击打在腹部这样柔软的部位，其作用时间会相对变长，所以冲击力最大值就会变小。

棒球捕手在接球的时候之所以要后拉棒球手套，也是为了通过延长手套与球的接触时间来缓冲球作用到手上的冲击力。用身体承受对方击打时也一样，通过向后移动受到击打的身体部位来延长该部位受冲击力作用的时间，从而减小身体受到的冲击力。对于面部攻击，比如说，在拳击比赛中，当对方针对下巴打出长勾拳时，拳击手就会向离对方拳头较远的一侧转头以拉远自己的下巴与对方拳头之间的距离，这样就可以延长下巴的受力时间，从而减小其所受到的冲击力。

图1-3　各种撞击情况下的冲击力曲线

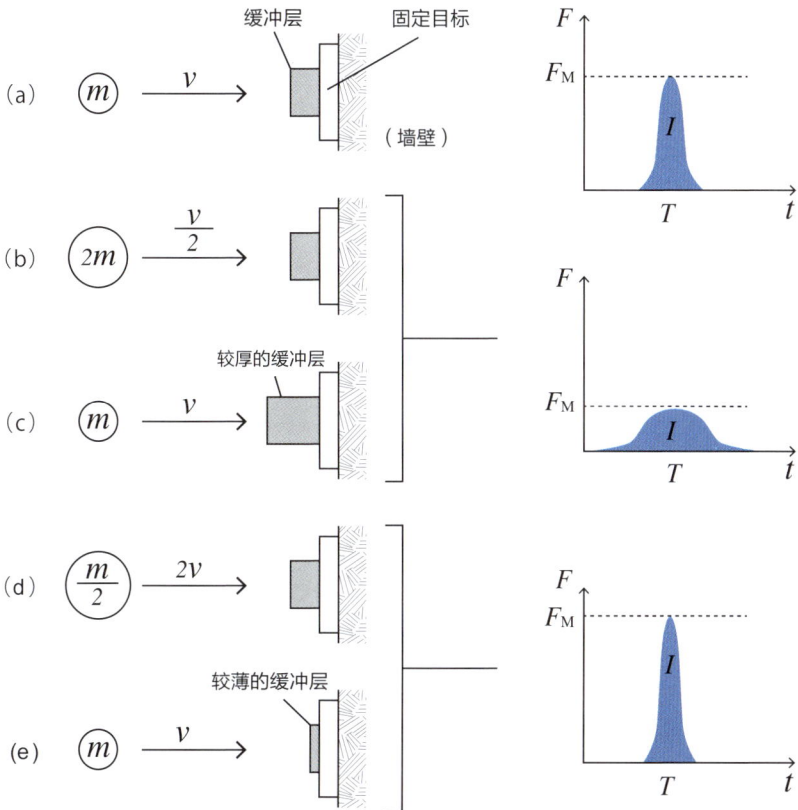

$$动量 = m \times v = 2m \times \frac{v}{2} = \frac{m}{2} \times 2v = mv$$

经过计算可以得知，在（a）~（e）五种撞击情况下，物体的动量均相等
所以五种撞击的冲量 I 也都相等，均为 $I=mv$

（a）作为参照基准的撞击情况
（b）物体质量大、速度小 → 动量对被撞击物体的作用时间较长
（c）物体与被撞击物体质地均很柔软 → 动量对被撞击物体的作用时间较长
（d）物体质量小、速度快 → 动量对于被撞击物体的作用时间较短
（e）物体与被撞击物体质地均很坚硬 → 动量对被撞击物体的作用时间较短

02

进一步说明迅猛的击打和沉重的击打

首先我们一起回顾一下 Q01 中的公式：

冲击力产生的冲量 = 被撞击物体的动量 = 质量 × 速度

质量为 1kg 的物体以 10m/s 的速度撞向目标，与质量为 2kg 的物体以 5m/s 的速度撞向目标产生的动量相同，均为 10kg·m/s，也可以近似认为二者冲击力的强度相同，均为 10kg·m/s。

但是，当质量为 1kg 的物体高速撞击目标的时候，由于其对目标的作用时间（即从接触目标开始直至完全停止所用的时间）更短（大约为 2kg 物体对目标作用时间的一半），所以**其冲击力的最大值要比质量为 2kg 的物体大（约为其 2 倍），即便冲击力产生的冲量相同，质量更小的物体撞击目标的时候速度更快，产生的击打也更加"迅猛"**（图 1–4）。拳打也好，脚踢也罢，拳或者脚[①]在质量相同的情况下，速度越快，击打时产生的冲击力就越迅猛（图 1–5）。

综上所述，要想打出令对方因脑部受剧烈震荡而倒地的重拳，则需要提高出拳速度。

那么，质量为 2kg 的物体以 10m/s 的速度撞击目标的时候又是什么效果呢？

忽略目标物体的质地及软硬程度，与质量为 1kg 的物体相比，如果冲击力的作用时间相同，那么冲击力的最大值将会随之增加到 2 倍，而撞击目标的冲量自然也随之提高到了 2 倍。

简单来说，体重 50kg 的拳击手和体重 100kg 的拳击手以同样速度出拳，单纯按照手臂的重量与体重成比例来计算的话，双方出拳的冲量值差不多为 1：2。也就是说，如果通过健身增肌而使手臂变得更重，即便速度相同，打出的拳的冲量也会变得更大。出腿踢击也一样，从理论上来讲，粗壮的小腿威力更大。

---

① 严格来说，这里作为击打工具使用的脚指的是从脚踝到脚尖之间的部位，本书为了表达方便，统一称之为"脚"。

图1-4　迅猛的击打与沉重的击打不同

A

B

⬆迅猛的击打：拳脚速度越快，产生的攻击越迅猛

⬅沉重的击打：橄榄球队员的冲撞产生的动量非常大，所以具有很强的冲击力

图1-5　冲击力与冲击力作用时间的关系

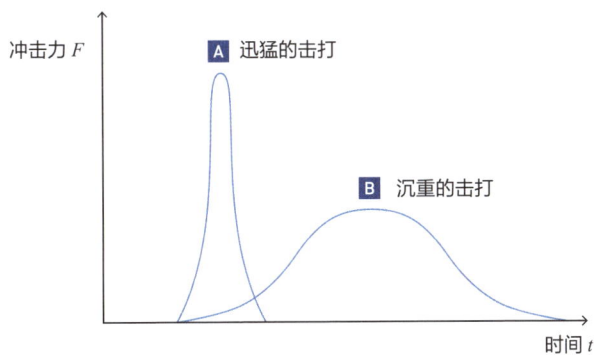

冲击力 F

A 迅猛的击打

B 沉重的击打

时间 t

03

拳头打出去的速度越快，产生的冲击力就越大吗

如果出拳方式不变，拳头打出去的速度越快，推动拳头击打目标的手臂的伸展速度也就越快，击打所产生的冲击力也就越大。当出拳击打面门（头部）这类质量小的目标时，在冲击力尚未传导到被击打者躯干上部的时候，面门（头部）就会向击打方向产生位移，所以手臂，特别是前臂和拳头的击打速度越快，面门（头部）受到的冲击力就越大。

但是稳定性相对较强且质地柔软、容易发生形变的躯干部对冲击力有很好的吸收效果，所以针对躯干的击打效果未必有想象中那么明显。这时击打者就需要利用全身体重通过移动产生的动量来提升击打效果。这里我为大家列举一位日本少林寺拳法 5 段的高手（体重 71kg）以两种不同击打方式打出右冲拳（右直拳）的测试结果来进行说明。测试用的击打目标为固定在墙壁上的冲击力测试仪。施力部位为出拳手的手臂（拳头、前臂、上臂）和肩关节周围的躯干部分（图1–6）。其中出拳手手臂各部分的质量根据体重与解剖学数据推算得出，出拳手手臂肩关节周围的躯干部分质量设定为 5kg。

通过高速摄影机捕捉右冲拳出拳速度的最大值（击中测试目标的瞬间），再将其与施力部位的质量相乘，求得右冲拳作用到目标上的动量（表1–1~1–3）。

如果是击打面门的话，拳头与前臂以高速运动击打目标的击打方式 1 可以带来巨大的瞬间冲击力。而对于固定在墙壁上的目标来说，击打方式 2 虽然出拳速度慢，却能够持续侵入到击打目标内部，其持续冲击力更大，达到了 270kgf。并且击打方式 2 的冲量（即作用到目标上的动量）也要高于方式 1 的 25.7kg·m/s，达到了 30.5kg·m/s。

综上所述，高速伸展手臂击打目标的击打方式 1 适用于击打对方面门或者头部等移动速度快的目标，相反，出拳速度稍低但能够用全身重量对击打目标额外施加约 39% 身体动量的击打方式 2 则适用于击打对方的身体。

图 1-6　各部位击打效果对比

下角标 1~4 分别代表拳头、前臂、上臂、肩关节周围的躯干部分，m_1~m_4 为各部位的质量，
v_1~v_4 为各部位重心的速度
出拳击打总动量 $=m_1v_1+m_2v_2+m_3v_3+m_4v_4$

➡即使拳头的击打速度 v_1 很快，但因为拳头本身质量有限（m_1 质量较小），所以拳头的动量 m_1v_1 并不大。出拳的时候如果身体也随之移动的话，上身躯干部的动量 m_4v_4 就会变大，这时击打就变成了利用体重打出去的重击。由此可见，在击打速度和击打方式相同的情况下，击打的最大冲击力和冲量是与体重成正比的

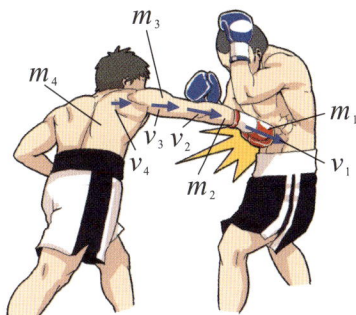

表 1-1　两种击打方式击中目标瞬间身体各部分的速度（m/s）

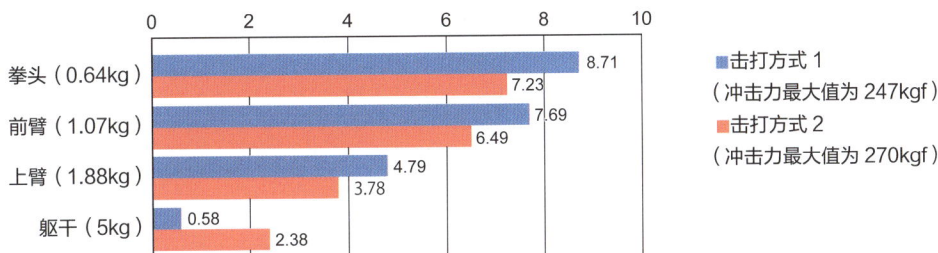

部位	击打方式 1	击打方式 2
拳头（0.64kg）	8.71	7.23
前臂（1.07kg）	7.69	6.49
上臂（1.88kg）	4.79	3.78
躯干（5kg）	0.58	2.38

■击打方式 1（冲击力最大值为 247kgf）
■击打方式 2（冲击力最大值为 270kgf）

表 1-2　两种击打方式击中目标瞬间身体各部分的动量（kg·m/s）

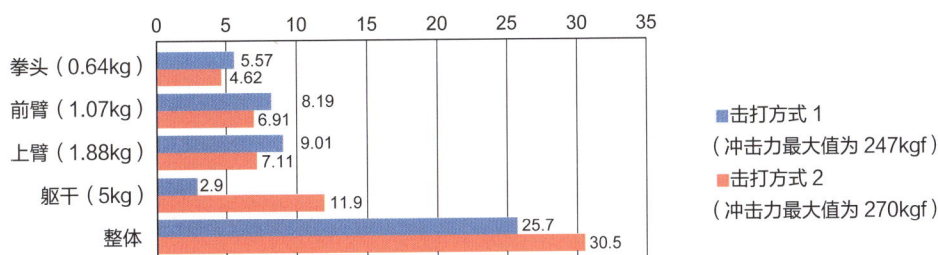

部位	击打方式 1	击打方式 2
拳头（0.64kg）	5.57	4.62
前臂（1.07kg）	8.19	6.91
上臂（1.88kg）	9.01	7.11
躯干（5kg）	2.9	11.9
整体	25.7	30.5

■击打方式 1（冲击力最大值为 247kgf）
■击打方式 2（冲击力最大值为 270kgf）

表 1-3　两种击打方式击中目标瞬间身体各部分的动量所占比例（%）

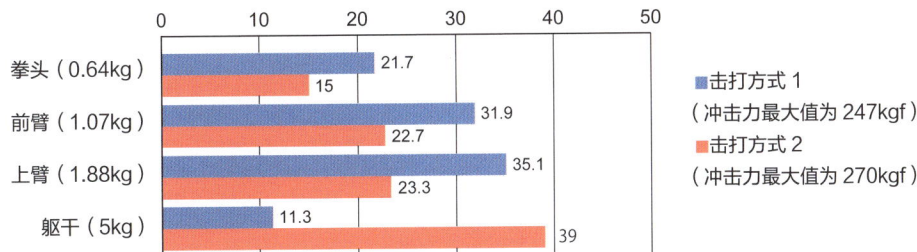

部位	击打方式 1	击打方式 2
拳头（0.64kg）	21.7	15
前臂（1.07kg）	31.9	22.7
上臂（1.88kg）	35.1	23.3
躯干（5kg）	11.3	39

■击打方式 1（冲击力最大值为 247kgf）
■击打方式 2（冲击力最大值为 270kgf）

04 空手道的转身里拳打（转身鞭拳）、泰拳的转身肘击、转身侧踹等招法为什么会被视为一击必杀的绝招

转身里拳打、转身肘击、转身侧踹这些招法都是通过身体快速向右（左）旋转带动右（左）肘、拳背（握拳手的手背）或脚后跟等身体部位击打对方的面门或者头部（空手道转身侧踹的目标则是肋腹部），利用转体增加肘、拳、脚后跟的击打速度。与拳击或者脚后跟踢击相比，肘击旋转半径较小，所以攻击速度也较慢，但肘部更坚硬，因此能够将很大的动量瞬间施加到目标上（图1–7、图1–8）。套用 Q01 中的描述方法，根据冲击力的特征可以将上述击打分为如下三类：

①肘击：非常迅猛，击打较沉重；

②转身里拳打：非常迅猛，但并不沉重；

③转身侧踹：非常迅猛且非常沉重。

只要使用时机得当，这三种击打都具备一击必杀的威力。但如果在实战中距离计算失误，命中目标的**不是肘、拳背或者脚后跟，而是前臂、手腕或者小腿腿肚，那冲击力可要大打折扣了**。避免失误的诀窍就在于转体之后要立即迅速转头面向对方并迅速用双眼锁定击打目标。

从对方的角度看来，敌方的拳或脚都是从被敌方后背遮住的一面**突然出其不意地打向自己的**，令人防不胜防。不过我并不推荐将这类招法作为战术核心使用，因为一旦在转体的瞬间被对方看穿了我们的攻击意图，这招就很难奏效，甚至会被对方抓住背部对敌的瞬间施以反击。即使偶一为之，也要注意消除转体的预备动作，以免对方察觉。

在实战中，当我们用左手向右拨开对方冲拳的时候，可以借着拨挡的惯性向右转体使出转身里拳打来击打对方。与此相似的常见招法还有 Q31 中介绍的右直拳接右回旋踢（右鞭腿）等。

图1-7 空手道中的转身里拳打

🟠 通过转体带动拳锋高速抡出可以产生非常迅猛的击打，但是整条手臂除拳头之外的其他部位的运动方向并不指向击打目标，所以手臂整体的动量很难全部转化为冲击力作用到目标上，腕关节也会缓冲一部分力量

图1-8 转身肘击

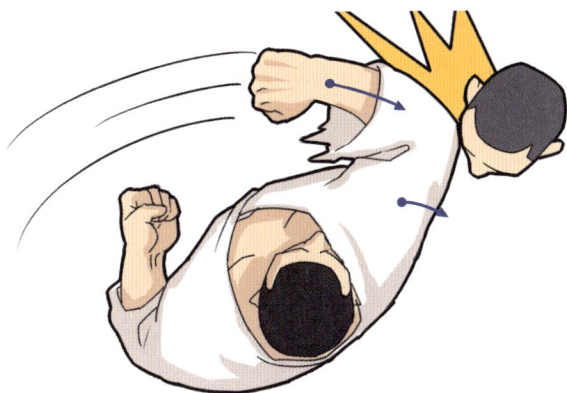

🟠 弯曲的手肘可以将前臂和手（拳）合为一体，像一杆长枪一样朝着击打目标戳去，如此一来，其动量都能够转化为冲击力直接作用到目标上，即便缺少上臂这部分作用力，坚硬的手肘也会像一根木棒一样戳在对方的头上

和直拳、正踢腿、勾拳相比，
为什么回旋踢更加难以躲闪

如题，简单来说，这是因为人类体形横窄纵长，使用双足直立行走。首先咱们一起做个试验，各位读者可以用双手在桌子上立起你正在看的这本书，并尝试让它像陀螺一样旋转起来，然后不断改变书的角度，看看以哪个角度旋转最容易。

结果一定是当书竖起来的时候。花样滑冰选手的旋转也一样。当花样滑冰选手展开双臂或者抬平一条腿的时候，其旋转速度较慢；当他像一根棍一样身体直立、手脚并拢的时候，其旋转速度就会很快。

直拳和正踢腿的攻击轨迹都是直线形的。如果对方的击打目标是面门，我方只要将面门横向移动大约与脸同宽的幅度就足以规避直拳的击打。如果对方的击打目标是躯干上部，我方则需要横向移动大约与上身同宽的幅度才能完全避开对方的击打，而且因为质量大小不同，横移身体可要比横移头部耗费更多的力气。不过，可以通过扭腰转体令被击打部位发生偏移，从而大幅度地降低击打威力，所以在实战中，扭腰转体的规避效果其实不亚于摆头躲闪（图1-9）。

也就是说，上身虽然是人体最难以左右躲闪的部位，但由于正好位于人体垂直方向上最容易旋转的自转中心轴上，所以可以通过转体来躲闪对方的攻击。

与只能用拳锋击打目标的勾拳相比，回旋踢的击打范围要大得多，特别是抡动整条腿横扫过来的泰式胫扫，脚背、脚踝、小腿胫骨，无论哪一点击中目标，都足以造成巨大的杀伤力，而击打范围大也成为回旋踢难以躲闪的一个重要原因（图1-10）。

再加上回旋踢的击打轨迹是平行于地面并横扫向躯干的，所以直立的身体是无法通过转体来规避它的。上段回旋踢（高鞭腿）可以通过缩头屈身进行躲避，但中、下段回旋踢（中、低鞭腿）则只能通过大幅度跳步后闪来躲避。极端点来说，如果人类的体形像马一样横向宽、纵向窄，不要说回旋踢了，恐怕连正踢腿都难以躲闪开。

图 1-9　扭腰转体的躲闪

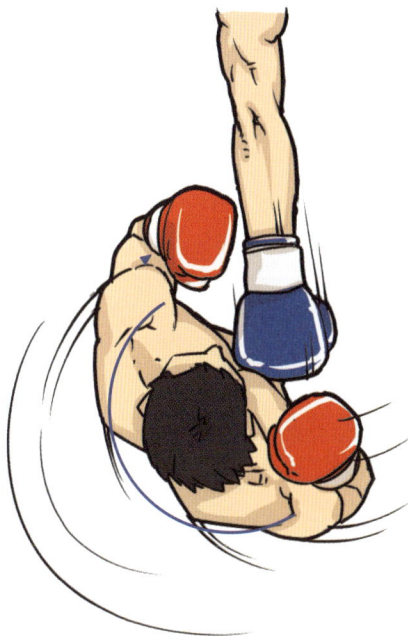

针对击打躯干上部的直拳或者正踢腿，可以通过扭腰转体使被击打部位发生偏移，从而大幅度降低击打的杀伤力

图 1-10　无法闪避的回旋踢

回旋踢无法通过转体来闪避

踢腿或者打拳的时候要学会"制造墙壁"是什么意思

其实在挥动棒球棍或者高尔夫球杆击球的时候，也有"制造墙壁"这种说法。挥动球棒或者球杆的时候想象自己的左侧有一堵墙壁，这么做是为了提高球棒或者球杆的挥动速度。下面就从力学角度剖析一下其中的原理。在剑道中，当挥动竹刀下劈的时候，双手会突然发力拧握刀柄，使下劈中的竹刀紧急制动，这也可以看作用双手为竹刀人为制造一堵"墙壁"，使竹刀的端点突然加速下劈。

我们可以通过力学中"**在远离物体重心的位置施加力时，物体就会开始旋转**"这一原理来解析这个问题。如图 1-11，一根木棒自下而上沿着无摩擦力的平面滑动，此时木棒并没有旋转，重心 G、端点 A、端点 B 都以相同的速度自下而上同步移动（$V_1 = v_1$）。当端点 B 撞到木桩 P 并被阻停时，木棒将会以点 P 为圆心逆时针旋转，重心 G 则突然减速（$V_2 < V_1$），但是**受旋转的影响，端点 A 将会突然加速运动**（$v_2 > v_1$）。

我们可以把人体看作图中的木棒，点 B 为蹬地踩实的左腿（紧急制动点），点 A 为突然加速的右肩或者腰部右侧。如果是右直拳或者右勾拳的话，点 A 则可以看作推动手臂出拳的右肩；如果是右前踢或者右回旋踢的话，点 A 则是带动右腿踢击的右侧腰部（右侧髋关节）（图 1-12）。

需要注意的是，左腿 B 一定要位于重心 G 的左侧并用力踩住地面，否则急停制动的效果会大幅减弱，还要保证身体中心轴稳定，否则依然会降低击打效果。总之，**通过人为"制造墙壁"产生紧急制动来为右肩或者腰部右侧突然加速，可以增加右拳或者右脚的击打威力。**

图 1-11 木棒由自由滑动到受阻的运动变化

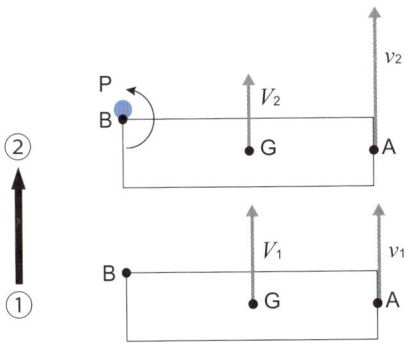

→ 端点 B 受点 P（"墙壁"）阻挡突然停止移动之后，重心 G 的移动速度会突然降低，但是受旋转效果影响，端点 A 会突然加速运动

图 1-12 踢腿时"制造墙壁"

→ 在泰式胫扫中，地面上的黄色标记就是人为制造的"墙壁"的位置

07

为什么击打技巧运用自如的高手们在打拳或者踢腿的时候要有意识地回拉拳或者脚

如前文所述，在针对面门（头部）的攻击时，迅猛的击打的效果要好于沉重的击打，这就对出拳击打的速度提出了很高的要求。实际操作时可以通过身体后拉来加快出拳速度，接下来我们将从力学角度来剖析其中的原因。

我们拿利用肘关节的开合力量打出的空手道中的里拳打（鞭拳）作为参考来进行分析。图1-13为鞭拳击打时的上方俯视图，右拳自左胸开始旋转发力，前臂和上臂向右旋转，原本处于闭合状态的手肘加速伸展并带动前臂转动，因此前臂的重心移动速度和转动速度均大于上臂。

Q06 中提到过，如果挥动竹刀劈砍的双手突然做紧急制动，竹刀前端下劈的速度会突然增大。如果我们把鞭拳中的前臂看作竹刀，肘部看作握住刀柄的双手，然后像回拉拳头一样突然为上臂（也就是肘部）紧急制动，那么，前臂的末端也就是拳锋会突然加速。如果击中目标之后继续回拉拳头，击打之后的手臂还会借着击打目标的反作用力顺势回到起始位置，还能降低手腕被对方抓住的概率。

近畿大学的谷本道哉先生和国立体育科学中心的荒川裕志先生还将该原理应用到空手道的回旋踢中，就是在**脚快要击中目标的瞬间，腰带动上身向反方向扭转以增大威力**，而不是像普通的回旋踢那样，在踢击结束时，腰及上身随着横扫的腿一起转动一周。在这里，踢击目标的腿相当于竹刀，髋关节相当于握刀的双手。虽然仅用踢击腿的根部也就是髋关节紧急制动就足以为踢击腿的末端加速，可如果再加上回拉腰部的话，击打效果则会更加明显。这样一来，脚背就能够像突破音障的鞭梢一样急剧加速。

不过需要注意的是，腰部反方向扭转会降低踢击腿的重心移动速度，减小踢击产生的冲量，也就是说，会降低侵入并破坏对方身体组织的击打效果。

图 1-13 鞭拳击打时的上方俯视图

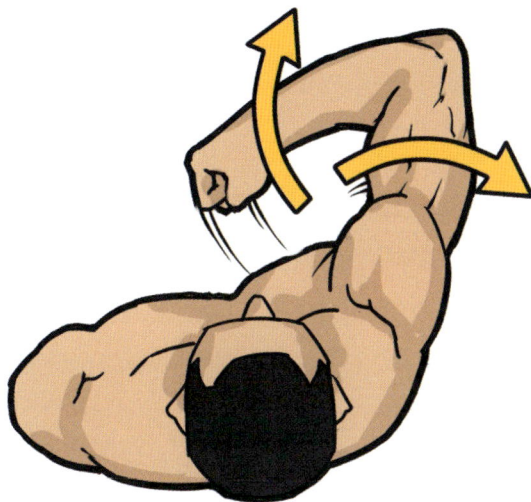

⊙①一边打开肘关节，一边伸展手臂

⊙②拳头以肘关节为圆心高速旋转。通过回拉拳头来为肘关节紧急制动

08

被体格健硕的对手一撞就飞，有没有什么有效的对策

面对对手势猛力沉的身体冲撞，最好的对策就是闪避，可如果闪不开的话，第一个应对方法就是像相扑选手的对撞一样，**主动向前发力，朝着撞过来的对手反撞回去**。如果能够满足下面公式中的条件，即两个人的冲击力（动量）相等，就会像力学法则描述的一样，双方的身体在对撞的瞬间同时变为静止状态。那么在实战中，如果对手体重 90kg，以 **2m/s 的速度**撞过来的话，自己（设体重为 60kg）就得以 **3m/s 的速度**反撞回去，才能不被撞飞（图 1–14）。

自己的体重 × 撞击速度 = 对手的体重 × 对手的撞击速度

但是需要注意的是，在对撞的瞬间，对方和我方都要承受相等的反作用力（这个并不受上面公式的影响），因此撞人的一方也好，被撞的一方也罢，在碰撞的瞬间，最好采取肩顶这种全身用力、适合碰撞的姿势，以免身体受伤。

对撞的时候可以用一个小技巧来减轻身体承受的冲击力，那就是主动伸展双手去触碰对方的肩膀，紧接着弯曲手臂以缓冲对方前冲的势头。不过如上面公式所示，如果反向撞击的速度不够的话，恐怕被撞飞的仍旧是自己（图 1–15）。

接下来介绍第二个应对冲撞的方法，这个方法的特点是自己的身体不必发生明显位移即可挡住对方的冲撞，**其要点就在于放松**。这里的放松指的是放松膝盖，身体重心突然下沉。首先预判自己与对方对撞的时机，然后在对撞的瞬间突然放松双膝使身体重心下沉。假设双膝松劲、身体重心下沉的时间为 0.2s，身体重心随之下沉约 20cm，然后双脚需要马上用力踩住地面以刹住身体下沉的势头。假设双脚踩住地面的时间为 0.05s（为身体下落时间的 1/4），刹住身体下沉势头所需的力大约为体重的 4 倍，再加上自己的体重，一共会产生 5 倍（大约）于体重的作用力作用在地面上，这样，与正常站立状态相比，双脚与地面的摩擦力也会瞬间增加大约 5 倍（图 1–16）。

这样做虽然能够瞬间顶住对方的身体冲撞，但由于产生的冲击力作用时间很

图 1-14 体重轻的一方如何顶住体重重的一方的冲撞

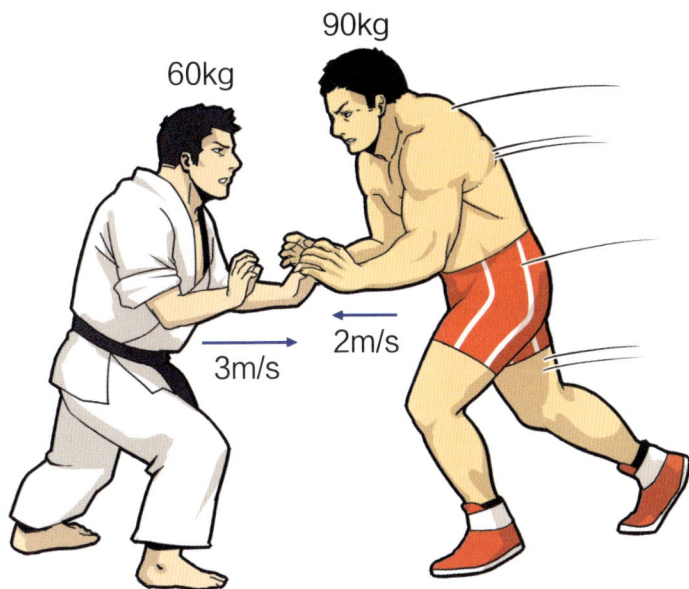

● 如果双方的体重与撞击速度的乘积相同，体重
轻的一方就能够顶住体重较重一方的身体冲撞

图 1-15 撞击时身体承受的冲击力与撞击时间的关系

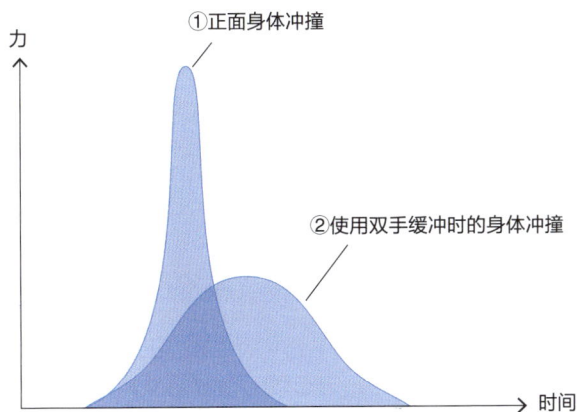

● 延长撞击时间虽然可以减少身体承受的冲击力，却并不能减小对方
身体冲撞产生的冲量，所以依然会被撞飞

短，所以也仅仅是瞬间有效。如果对方与自己的体格不相上下，那么这种方法可以释放出远远超出对方想象的对撞力量，抵抗效果会非常明显。但是如果对方的体重过重或者撞击速度过快，自己则有可能受到冲击力的反作用力而受伤，又或者被直接撞飞。

第三个方法很适合应对来势过于凶猛、冲击力过强的身体冲撞（图 1–17）。首先借助上文提到的伸展双手按压并撑住对方肩膀的技巧，然后与第二个方法一样放松双膝，只不过时机要稍晚一点，**在与对方碰撞的瞬间放松双膝**可以使身体与地面的摩擦力降为 0。这样身体就会随着对方的冲撞而后退几十厘米，对方的身体则好像撞到棉花上一样没什么感觉。由于人体是一边通过前馈控制系统（feedforward）预测周围情况的变化，一边采取行动，所以，对方的身体会根据撞击的时机以及空间位置，自动将身体姿势调整为可以把冲击力全部作用到我方身上的撞击姿势。若我方采用第三个应对方法就可以让对方这些通过前馈控制系统预先做好的心理及身体撞击准备付诸东流。

随后**抓住对方冲撞势头减弱的瞬间，像第二个方法一样双脚突然用力踩住地，身体随之也变得像一块坠地磐石一样稳稳扎在地上。**能把握住对方全力冲撞突然落空之后心神一乱的瞬间，就能轻易顶住对方的冲撞攻击。不过值得注意的是，使用这个方法时，在双膝放松的瞬间，身体会因为对方的撞击而向后仰，所以在撞击的瞬间，我方身体要向前倾斜一定的角度以保持平衡。

最后这个方法可以与前三个配合使用。那就是当对方撞过来的时候，特别是用头撞过来的时候，**伸展手臂，用手掌顶住对方的头部而不是肩膀，然后抓住对方的头，一边横扭对方的脖子，一边将对方压倒。**这时对方如果继续向前撞击，就会扭伤颈椎，出于本能，对方身体会自动减缓向前冲撞的势头。

图 1-16　身体重力变化与双膝放松时重心下沉的关系

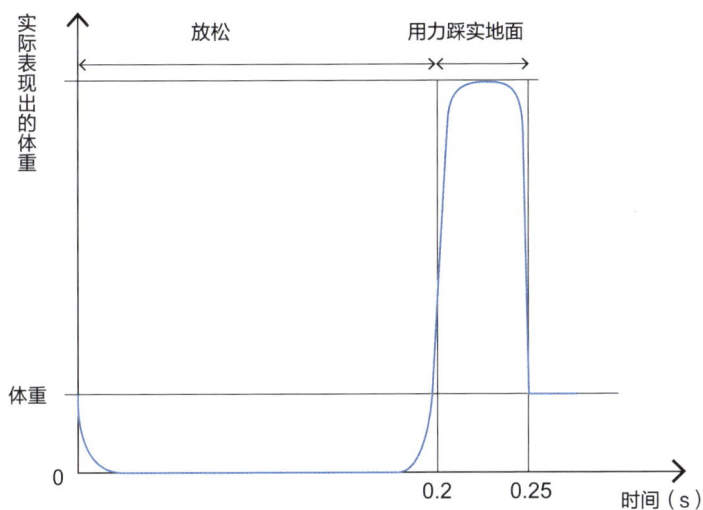

双膝先放松，使身体重心下沉，紧接着马上用力踩实地面，利用双腿刹住身体瞬间产生的反作用力以顶住对方的身体冲撞

图 1-17　第三个方法

身体前倾

对方

在双方碰撞瞬间，自己双膝放松，身体就会顺着对方冲撞的势头而后退，在对方势头减弱的瞬间双脚突然踩实，就可以顶住对方的冲撞

09

与比自己体格壮硕的对手近距离扭打时
如何推倒对方

体格瘦小者与体格壮硕者近距离扭打的时候，即便体格瘦小者的肌肉力量足够大，也很可能因为脚下站立不稳而被摁倒在地，因为脚底与地面的摩擦力与体重基本是成正比的。所以我们不妨试试相扑力士的对策。

比如说，体重 60kg 的 A 与体重 100kg 的 B 扭打在一起。**如果 A 用相当于推举 20kg 重物的力量将 B 向上推的话，那么此时 A 和 B 的体重都相当于 80kg 了，这样一来，A 对照 B 就不落下风了**。当然，A 如果上推的力量更大就会更有优势。

在相扑比赛中，双方甫一交手便会进入日语中称为"**差手争**"的阶段，即抢着将自己的手插到对方手臂之下。一旦抢位成功，马上上提手肘并将前臂内旋，以便向上翻转对方的手臂，感觉就像是把手插到对方手臂下侧，然后小指朝上，手紧贴住对方后背并用手背由外向内翻转。

把手插到对方腋下之后翻转手臂，自然就会将对方的手臂向上抬起，从而达到将对方整个身体向上推的目的。这样，对方的手难以抓住我们的衣服（在相扑比赛中则是兜裆布），只能在空中胡乱挥舞。接着，一边用插入对方腋下的手臂和肩膀将对方整个身体自下而上支起来，一边进步欺身向前撞去，这样，即便双方有一定的体重差距也不会造成太大问题。如果双手能够同时插入对方腋下，那就更加有利了（除非对方很高）。

如果对方打算用被称为"押付"的招法将手反插入我们腋下，我们可以用前臂和身体挟住并锁死对方插过来的手腕或者前臂，然后一边腰部用力将对方的手腕由外而内向上扭，一边上步欺身向前撞回去。这样，对方原本打算插进来的手反而成为把他自己的身体翘起来的支点，我们则可以利用这个空当将对方顶回去（图 1-18）。

图 1-18　在相扑比赛中以小博大的技巧

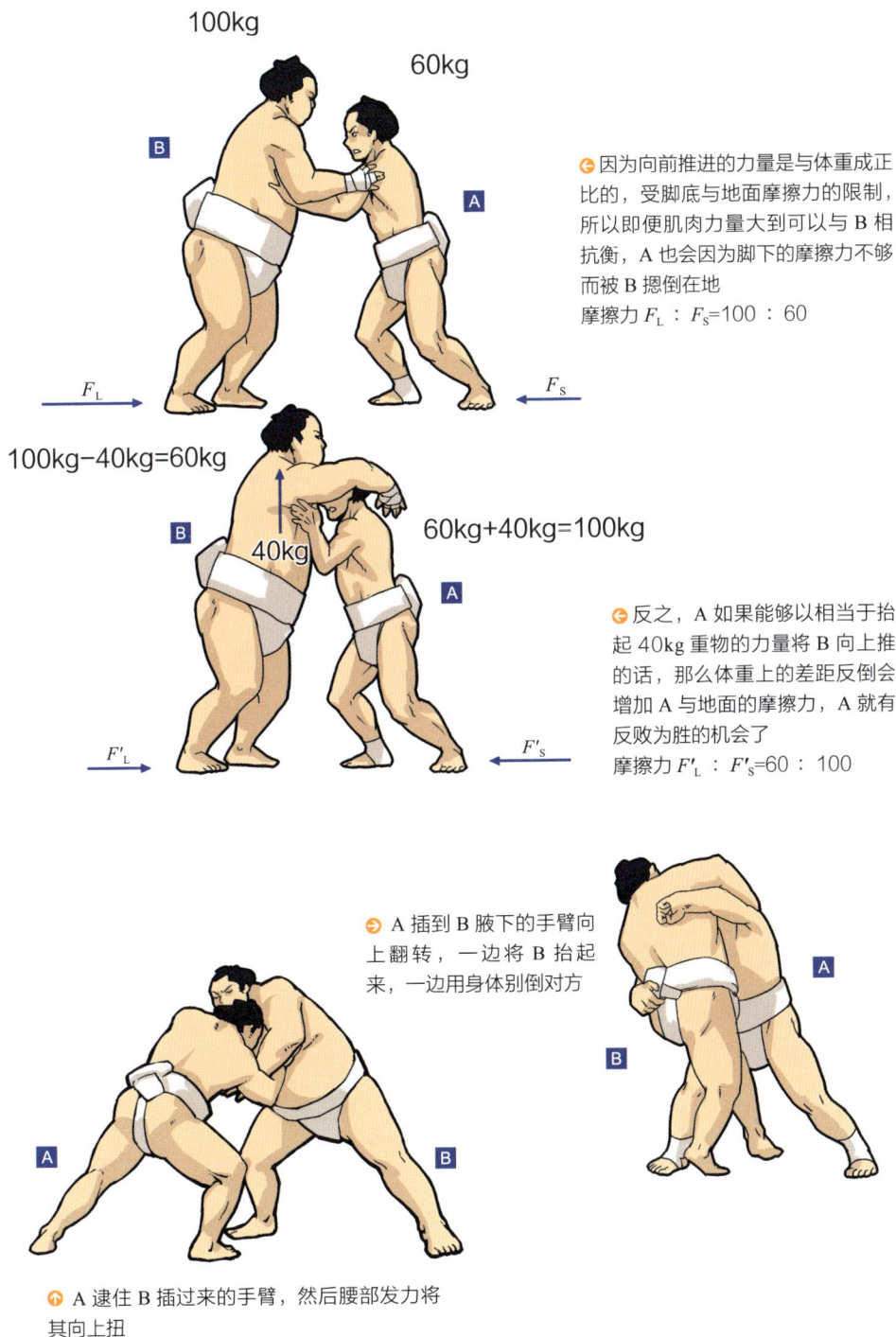

100kg

60kg

↺ 因为向前推进的力量是与体重成正比的，受脚底与地面摩擦力的限制，所以即便肌肉力量大到可以与 B 相抗衡，A 也会因为脚下的摩擦力不够而被 B 摁倒在地

摩擦力 F_L : F_S=100 : 60

F_L

F_S

100kg-40kg=60kg

40kg

60kg+40kg=100kg

↺ 反之，A 如果能够以相当于抬起 40kg 重物的力量将 B 向上推的话，那么体重上的差距反倒会增加 A 与地面的摩擦力，A 就有反败为胜的机会了

摩擦力 F'_L : F'_S=60 : 100

F'_L

F'_S

↪ A 插到 B 腋下的手臂向上翻转，一边将 B 抬起来，一边用身体别倒对方

↑ A 逮住 B 插过来的手臂，然后腰部发力将其向上扭

10 Q 中国传统武术中的靠打
像橄榄球里的身体冲撞一样很容易躲开吗

提到身体冲撞，人们立刻能想到的恐怕就是橄榄球或者美式足球比赛，那些体格健硕的选手全力冲刺，像火车头一样撞上目标的瞬间，真的令人十分震撼。但是在奇绝诡诈的实战打斗中，这种预备动作特别明显、动作幅度大到恨不得直接告诉对方我下一步要干什么的冲撞恐怕会被对方轻易闪开，甚至很可能直接吃上对方一记反击。

中国传统武术中也有很多身体冲撞的招法，这些招法看起来像是拳打或者肘击，但是如果我们对它们进行仔细剖析的话就会发现，它们其实更像是用拳头或者肘尖去冲撞对方的身体。比如说，对方上步欺身准备进攻，我们一边闪避，一边迎上去出拳反击，如果击中了，那么这招就成为**用拳头打出的身体冲撞**。如果对方身法、拳速都很快，迅速拉近了双方之间的距离，我们则可以变拳为肘，将用拳头打出的身体冲撞变为**用肘打出的身体冲撞**。如果对方成功防住了肘击，那么我们还可以用头迎面撞去，把用肘打出的身体冲撞变招为用头撞出去的身体冲撞。如果对方攻击头部，我们可以用肩颈顶起头来反击。在以刚猛爆裂的撞击靠打著称的八极拳中，甚至可以用肩、背（铁山靠）、腰等部位去直接撞击对方。

在中国传统武术中，身体撞击一类的技法统称为"**靠**"。图 1–19 表现的就是中国传统武术中用来反击对方进攻的肘靠以及肩靠。肘靠和肩靠技法动作很相近，都是**通过大踏步主动上前**迅速拉近敌我之间的距离，借此产生非常快的进攻速度，再加上中国传统武术中被称为"**发劲**"的特殊击打方法，双重打击共同作用，不仅能够释放出非常大的冲量，还能够产生非常大的瞬间冲击力。

有一次与池田秀幸老师切磋的时候，我就领教过中国传统武术中的靠打。当时我奋力打向池田老师的面门，结果池田老师突然身影一闪就从我的视野中消失了，接着我就两眼一黑被撞翻在地了（好在池田老师力道控制得非常好）。随后池田老师给我演示了配合撞击的贴身发劲。首先池田老师将肩膀贴在我的肋腹部不动，然后突然肩膀向前一靠。池田老师虽然已经将力道控制得很轻了，可池田老师用肩膀靠时我还是可以感觉到自己的肋腹部向内一凹。据池田老师的其他弟子说，这招威力巨大，火候又十分难以控制，所以在对练的时候很多人都有肋骨骨折的经历。总之，中国传统武术中撞击的实战价值非常大，非常值得研究和挖掘。

图 1-19 中国传统武术中的"靠"

◐ 一边躲开对方的来拳，一边大踏步欺身上前，用肘撞向对方的胸肋部

◑ 如果和对方的距离很近，就可以用肩膀靠打

头槌的实战威力如何

日语称相扑术中像头槌一样用头猛烈撞击对方的技法为"打啮"，通常用额骨上发迹线周围骨壁较厚的位置去撞击对方（图 1–20）。因为额骨本身就很硬，所以能够产生很大的瞬间冲击力，再加上全身向目标猛撞过去产生的冲量，使得头槌的击打威力既迅猛又沉重。

在相扑比赛中，相扑力士经常甫一交手就铆足力气一个头槌撞向对手，所以赛场上经常出现这样的场面：伴随着"咣"的一声头骨对碰的闷响，一方瞬间头破血流，又或直接被撞得失去意识、滚下相扑赛场。实际上，头槌的威力大到能砸碎瓦片、砖头甚至水泥块。

相扑力士平时会用头撞一种叫作铁炮柱（相扑训练场设置的非常粗的大木头）的训练器械，一方面为了培养头部撞击时的感觉，另一方面通过撞击增强头部硬度。另外，相扑力士平时也会用头槌互相对撞（图 1–21）。新入门的力士就算体格再壮硕，挨上功力深厚的师兄的几记头槌也会疼得掉眼泪。

实战型格斗术虽然会将头槌列为必修招式进行训练，但是几乎所有的竞技型格斗术都会在比赛中将头槌列为禁用技术。头槌的真实威力可不只是令对方皮下出血这个程度，在实战中，**头槌是一种特别危险的技术，被头槌击打严重者可能会导致头盖骨凹陷、脊柱损伤甚至脑损伤。**

而且头槌也逃不出作用力与反作用力法则的控制，在向着目标撞去的瞬间，自己的头也要承受相同的冲击力。如果头槌的目标是水泥块，那么自己的脑袋也要相应承受可以把水泥块砸碎的冲击力。中了头槌的一方自不必说，**使用头槌的一方也要做好受伤的心理准备**。综上所述，作为一种实战性非常强的招法，头槌对敌对己都很危险，所以最好在有经验的头槌高手指导下边学边练，不要自己胡乱练习，以免招致恶果。

图 1-20　头槌是用额骨上骨壁较厚的位置去撞击目标的

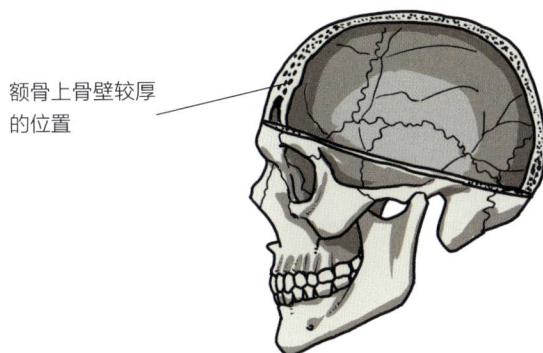

额骨上骨壁较厚
的位置

图 1-21　相扑力士的头部撞击训练

◑用头部撞击铁炮柱的相
扑力士

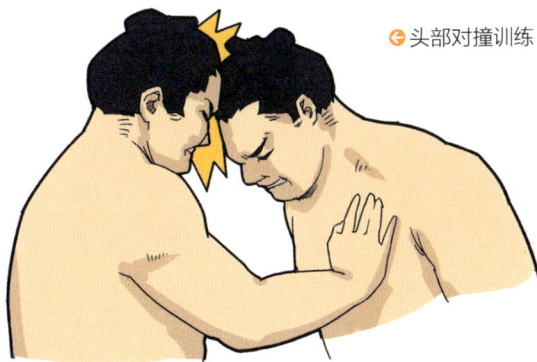

◑头部对撞训练

12 Q

大山倍达那句"擅长相扑的人练空手道也差不到哪儿去"是什么意思

乍一看，相扑比赛似乎就是一群巨型大胖子凭借笨拙的蛮力横冲直撞、推推搡搡的摔跤比赛，实际上，**相扑是一种将各种格斗术所必需的基本体力和格斗技术有机融合的综合格斗术**。在常见的竞技型格斗术比赛中，双方体重差距达到20kg 的话，基本上就无法同台较技了，但在相扑比赛中，体重 100kg 的力士战胜体重 150kg 的力士也不是不可能的。所以事实上，相扑术具有非常不可估量的研究价值和技术内涵。

相扑力士有特殊的饮食习惯，所以身体特征也与常人不同：

①去脂体重（除去脂肪之外全身肌肉、骨骼、内脏的总和）非常大，骨骼坚硬，肌肉发达（表 1-4）；

②发达的肌肉带来巨大的力量以及强大的抗击打能力，得益于结实的颈部肌肉，就连头部的抗击打能力也很强。

相扑技术方面主要有以下特点：

①除了多种多样的摔投技巧，头槌、掌打这样的击打技术之外，甚至还有小手投这样的反关节技法（图 1-22）；

②相扑力士通过身体接触去感知和判断对方招法的能力很强；

③因为遵循"倒地即输"这个规则，所以相扑力士的平衡感都很强。

针对拳击或者自由搏击这类击打型格斗术选手，相扑力士可以通过猛然间的身体冲撞拉近与对方之间的距离并与之缠斗在一起。日常训练中的摔摔打打练就了他们结实强壮的身躯，所以即使挨上对方几下子反击拳或者反击腿也没什么大不了的。但反过来，如果正面挨上相扑力士势大力沉的头槌，那可不是肘击或者裸拳击打所造成的伤害可以比的。所以我认为，在平时的搏击训练中适当引入相扑训练，无论对于体能训练还是技术提高都是有利而无害的。

表1-4　职业相扑力士与普通成年男子身体水平对比图

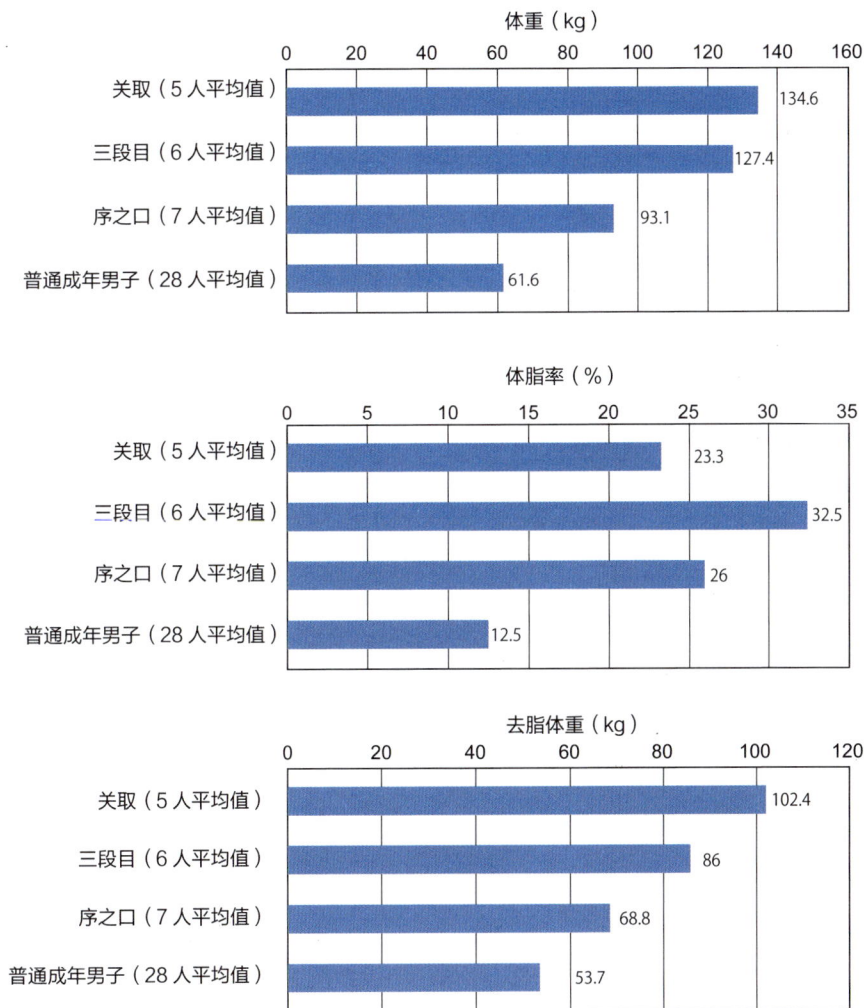

体重（kg）

级别	数值
关取（5人平均值）	134.6
三段目（6人平均值）	127.4
序之口（7人平均值）	93.1
普通成年男子（28人平均值）	61.6

体脂率（%）

级别	数值
关取（5人平均值）	23.3
三段目（6人平均值）	32.5
序之口（7人平均值）	26
普通成年男子（28人平均值）	12.5

去脂体重（kg）

级别	数值
关取（5人平均值）	102.4
三段目（6人平均值）	86
序之口（7人平均值）	68.8
普通成年男子（28人平均值）	53.7

⬆ 关取级别的力士虽然体重最大，但是体脂率却比三段目和序之口级别的力士更低，这样看来，级别高也是理所当然的。根据计算，级别更高、平均体重160kg、体脂率25%的幕内力士，去脂体重甚至能够达到120kg左右（该表根据近藤先生提供的数据制成）

※ 译者注：关取是在相扑力士等级中，对于"十两"以上级别力士们的敬称。序之口是相扑力士等级中的最低级别。三段目是相扑力士等级中的一个级别，在"二段目"级别之下，"序二段"级别之上。在相扑力士等级中，"前头"级别以上的力士统称为"幕内"力士，但不含最高级别的"横纲"级力士。

图 1-22　相扑比赛的技术趣味

⬆力士魁皇的小手投。乍一看，相扑似乎是靠蛮力横冲直撞的比赛，但实际上其技术体系十分丰富且细腻，甚至有小手投这样的反关节技法存在

照片来源：时报

13

据说相较于单纯的右手后直拳，前手刺拳掩护下的后手直拳[①]更加有威力，是真的吗

我们在打右手后直拳的时候，会首先左脚上步并身体右转，稍不注意，右肩就会向后回拉。而对方会很容易通过这个动作判断出我们要打右手后直拳了。另外，因为处于后手位的右拳距离对方较远，所以从出拳到命中所花费的时间也更多，这就给对手留下足够的时间规避攻击甚至直接反击（图 2-1）。

技术高超的拳击手在打后手右直拳的时候会刻意不做右肩后拉这个预备动作，但是也会失去这个动作所积蓄的力量，导致后手右直拳威力下降，毕竟这样做有悖于人体的自然运动习惯。

虽然职业拳击头衔赛中的顶级拳击手都可以打出毫无预兆、隐蔽性极强又威力十足的后手右直拳，但那种水平并不是谁都能够达到的。

那么如何在实战中提高后手右直拳的击中概率呢？我们可以先用容易被对方发现的左刺拳连续轻轻地点击对方，当然，我们并不期待这种佯攻的左刺拳能产生多大的击打效果。不过这样做有一个好处，那就是在出左刺拳的时候，需要左脚上步，左肩向前伸展，推动左拳打向对手，这样我们的右肩就会自然向后回拉（图 2-2）。

当对方的注意力被连续左刺拳吸引过去的时候，他对后手右直拳进攻时机的判断力就会相对下降，我们后手右直拳的命中概率自然就上升了。这就是在实战中前手刺拳掩护下的后手直拳威力更大的原因。

我曾经在实验中使用固定住的冲击力测定仪对几位一流拳击手的单纯后手直拳和前手刺拳掩护下的后手直拳进行测试，两种打法在冲击力上的差距并没有想象中那么大（表 2-1）。不过因为对手是不会反击也不能防御的冲击力测定仪，所以拳击手有足够的时间回拉右肩、蓄力，然后击打测定仪，但在现实中对手可不会杵在那里等待拳击手完成这一系列蓄力动作。所以我们也可以认为，在拳拳到肉、瞬息万变的实战中，前手刺拳掩护下的后手直拳威力更大。

---

① 指的是先用前手刺拳轻叩对手，然后接上一记后手直拳的组合拳。

图 2-1 单纯的右手后直拳

⬆ 大幅度后拉右手打出的直拳俗称"电话拳（Telephone Punch）"，虽然威力很大，但是动作幅度也很大，很容易被对手躲开

图 2-2 前手刺拳掩护下的后手直拳

⬆ 出后手直拳之前，先用前手刺拳轻叩对方，这样不用刻意回拉右肩也能够形成右肩回拉的动作，并借此完成蓄力

表 2-1 四种一流格斗术选手的后手直拳与前手刺拳掩护下的后手直拳冲击力最大值 F_M 比较图

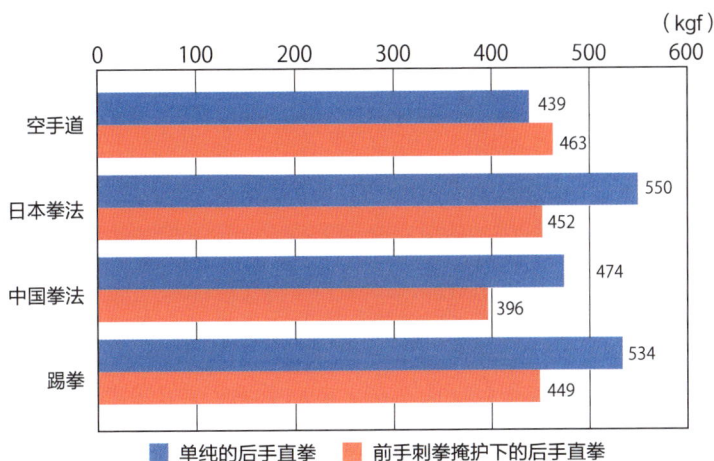

⬆ 通过上表可以发现，前手刺拳力量大于后手直拳的只有空手道。仅从表格上的统计数据来看，无法得出"前手刺拳掩护下的后手直拳的威力更大"这个结论

※ 译者注：踢拳是泰拳的日本版本。

14

据说勾拳威力要大于直拳，是真的吗？ 那上勾拳威力如何呢

我们之所以会认为勾拳比直拳威力大，其实是因为比赛结果统计显示，勾拳的击倒率要高于直拳。但是我对踢拳、少林寺拳法、日本拳法等诸多勾拳和直拳并用的武术流派的测定结果显示，勾拳的威力未必大于直拳，相反，在传统空手道和中国拳法中，勾拳的威力要明显小于直拳（表2-2）。

直拳也好，勾拳也罢，能否通过击打面门（头部）来击倒对方，实际上是由传导到大脑的震荡力是否能够对大脑产生足够的伤害所决定的。举个直观点的例子，就像把软嫩的果冻布丁放在造型复杂、凹凸不平的容器（头骨）中，通过前后摇晃（用直拳击打）或者突然旋转（用勾拳击打）容器使布丁受冲击一样。

直拳通常是正面击打在头部的，给头骨一个向后的加速度，使大脑受到冲击。这样，大脑的被击打面产生一个向内挤压的力，而另一面则产生一个向外膨胀的力。

拳击手在正面承受针对面门的击打时，会身体稍微前倾，使脊椎能够从后方支撑头部，然后在对方拳头击中头部的瞬间绷紧颈部肌肉、收回下颌以防止头部因为击打而后仰。这样，**在脊椎以及颈部肌肉的共同支撑下，对手很难通过直拳击打产生的冲击力对我们的头部整体施以加速度。**

反过来，当对方用直拳打来的时候，如果我们没有及时收紧下颌，又或者我们绷紧颈部肌肉的时机不对，甚至完全没有注意到对方的击打，那么大脑就会失去脊椎以及颈部肌肉的支撑，直接承受击打产生的震荡。

如前一章所说，人类的额骨骨壁厚到可以拿来像拳头一样去捶击对方，所以额骨即便被直拳击中，也不会损伤严重。各位读者只要用掌根叩打一下额头就能够实际感受到额骨的坚硬程度。

表2-2 各类格斗术的一流选手后手直拳与后手勾拳冲击力最大值统计表

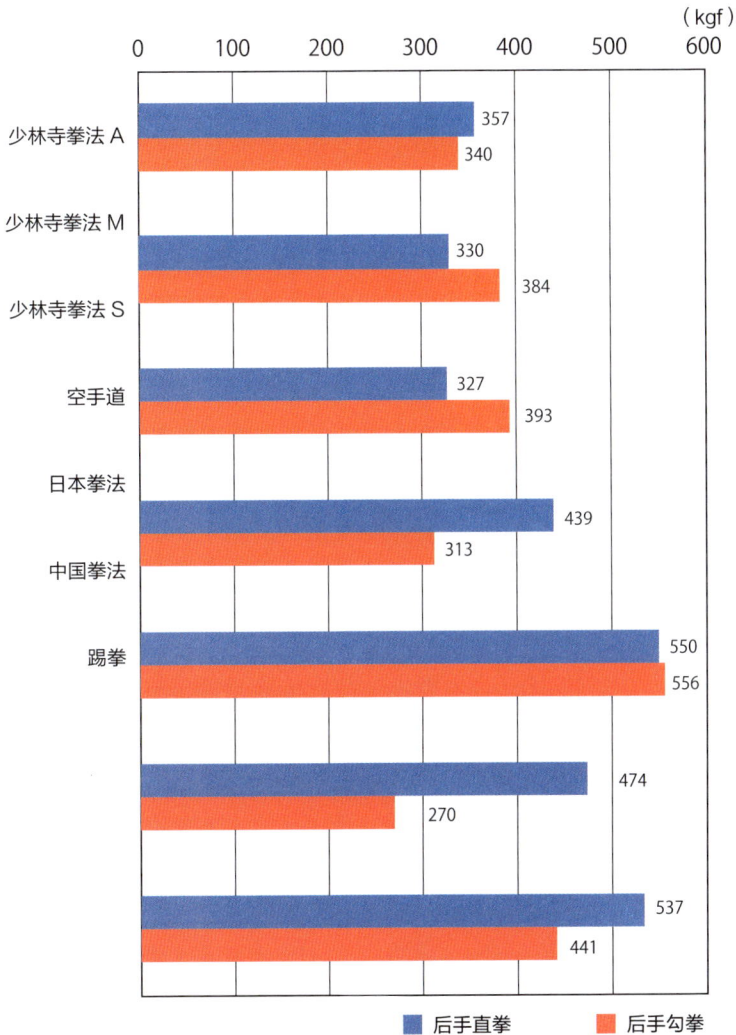

◐后手勾拳最大冲击力稍强于后手直拳的武术有少林寺拳法M、少林寺拳法S以及日本拳法，而空手道、中国拳法以及踢拳的后手勾拳冲击力明显小于后手直拳

但是如果下颌遭到正面击打，头部就会向下倾斜，连带大脑受到震荡。下颌之所以会成为勾拳或者上勾拳的主要击打目标，除了因为下颌骨本身比较脆弱之外，更重要的是**因为击打下颌比较容易使头部转动，也更容易将震荡传导至大脑。**

综上所述，勾拳有较高的击倒率是因为它的进攻轨迹更加容易命中下颌的端点。在实战中，看起来只是勾拳的拳锋"唰"的一下蹭过下颌的端点，可人已经晕了过去，这是因为勾拳的拳锋扫中下颌的端点，使头部突然转动，导致大脑经受颅骨内壁的震荡。

接下来我们再做个试验。双手拿着这本书的中间左右转动，感受从这本书上传导过来的力量，然后再抓住这本书的上下两端旋转，这时我们会发现旋转书所需要的力变小了。实际上，我们抓握这本书的位置离这本书的中心点（重心）越远，就越容易使其旋转。

下颌的端点离头部的重心最远，所以当它被来自侧方的力击打的时候，很容易牵动头部突发转动。而颈椎的构造使其无法抵抗横向的扭转，颈部肌肉也无法产生足够的力量去对抗横向的扭转力。就像突然旋转装着果冻布丁的容器会使容器内壁和果冻布丁发生错位并使其破损一样，如果突然转动颅骨的话，也会使颅骨内壁与大脑发生错位并引起脑损伤。

除了下颌，**用勾拳击打头部两侧的颞颥（temple），即头部两侧眼睛和耳朵之间的区域，也是非常有效的。** 因为颞颥附近的头骨骨壁相对较薄，骨壁附近的沟槽中还分布着很多非常重要的血管，再加上这一区域的形状整体上是向下凹陷的，所以对于击打的抵抗力也非常弱。各位读者可以通过轻轻叩击自己的颞颥，并想象一下这里挨上一记重拳会是什么后果。而上勾拳则是自下而上击打头部，使头部向上突然抬起。虽然头部转动的方向与被勾拳击打后不同，但是上勾拳和勾拳对大脑造成的巨大伤害却是不相上下的（图2-3）。

图2-3　直拳、勾拳、上勾拳对头部的击打

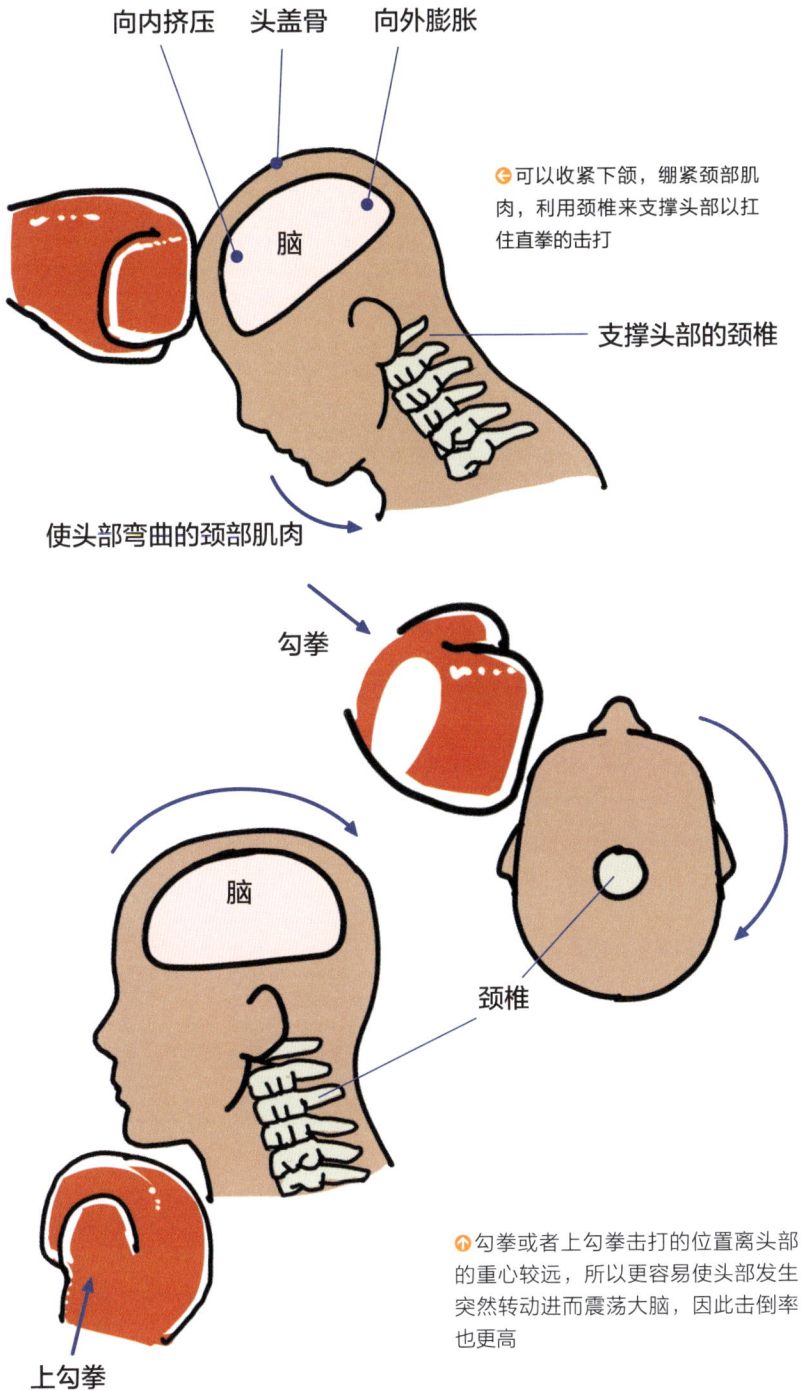

向内挤压　头盖骨　向外膨胀

脑

⟲可以收紧下颌，绷紧颈部肌肉，利用颈椎来支撑头部以扛住直拳的击打

支撑头部的颈椎

使头部弯曲的颈部肌肉

勾拳

脑

颈椎

上勾拳

⟰勾拳或者上勾拳击打的位置离头部的重心较远，所以更容易使头部发生突然转动进而震荡大脑，因此击倒率也更高

15

出拳击中目标的瞬间为什么要握紧拳头

如题，其中一个原因是，如果拳握不紧就击打目标的话，**很容易挫伤手腕或者打断手指**。另外一个原因是，如果拳握不紧，出拳手臂的动量传导到目标上所需时间更长，**导致作用到目标上的最大冲击力下降**（图 2-4）。

Q03 中的表 1-3 显示，击打时拳头上的动量只占整个出拳手臂动量的 15%~20%，与前臂或者上臂的动量相比要小很多。也就是说，在出拳释放出的全部冲击力中，由拳头产生的冲击力要比想象中小很多，但是拳头却担负着把前臂、上臂和身体出拳时产生的巨大动量传导给击打目标的重要作用。

上臂产生的动量会通过肘关节传导给前臂，接着通过手腕传导至拳头，最后通过拳头作用给击打目标。如果在这一系列力的传导过程中，手腕或者肘关节没有及时锁死，而是将一部分力量缓冲掉了的话，那么动能的传导就要花费更多的时间，作用到击打目标上的最大冲击力也会随之下降。而灵活柔软的腕关节非常容易在击打中发生扭转或者晃动，所以为了尽量能将前臂的动量无损耗地传导至击打目标，需要在击打瞬间锁死腕关节，而在击打瞬间能够锁死腕关节的有效方法就是握紧拳头。

从一握紧拳头前臂肌肉就会绷紧变硬这一点，就可以知道操纵手部握拳的肌肉大部分集中在前臂，当然也有一部分分布在手指和手掌上，这些肌肉兼具锁死手腕的作用（图 2-5）。**握紧拳头不但能使拳头变硬，还能够锁死手腕**。另外，**通过握拳使前臂肌肉绷紧变硬**在实战中也是很有优势的。在击打目标时，如果前臂肌肉像柔软的橡胶一样处于松弛状态，那就跟用皮球击打目标一样，即使挥拳击打产生的冲量和绷紧前臂肌肉击打时一样大，实际作用到击打目标的冲击力也要小很多。

图 2-4 拳头握紧与否在击打中的不同表现

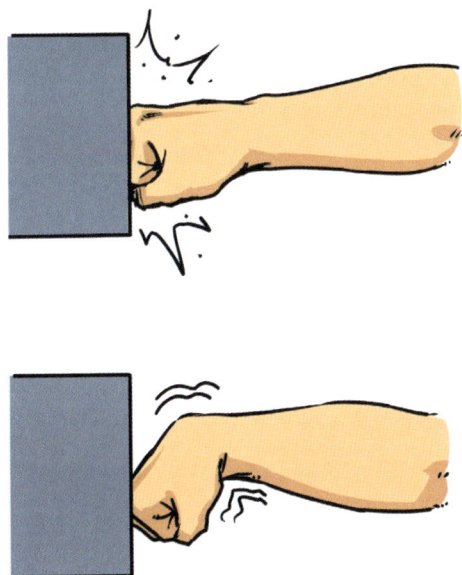

🔴如果拳握不紧，在击打的瞬间就会产生诸如手腕不稳、前臂肌肉松弛导致击打冲击力变小、挫伤手腕或者手指等一系列问题

图 2-5 前臂肌肉解剖图

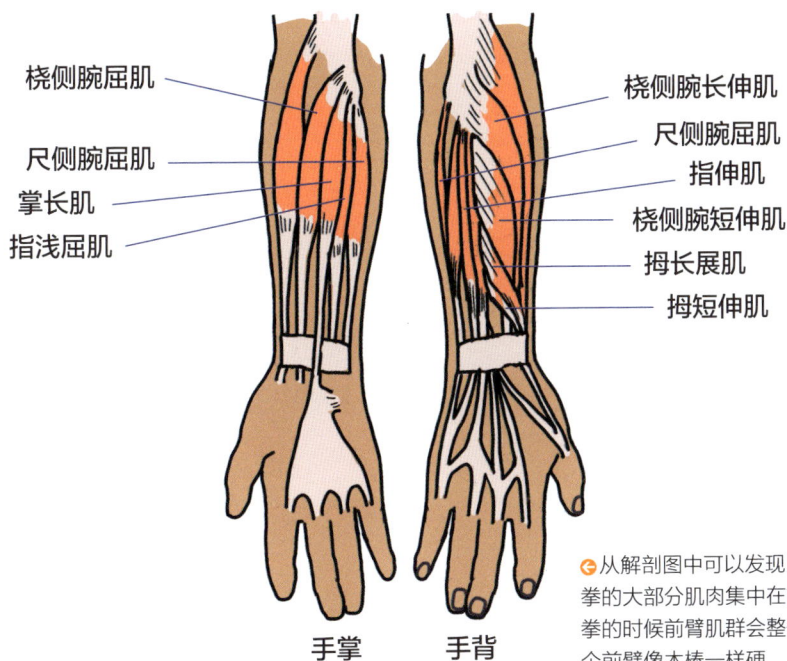

桡侧腕屈肌

尺侧腕屈肌

掌长肌

指浅屈肌

桡侧腕长伸肌

尺侧腕屈肌

指伸肌

桡侧腕短伸肌

拇长展肌

拇短伸肌

手掌　　手背

🔴从解剖图中可以发现，操纵手部握拳的大部分肌肉集中在前臂，所以握拳的时候前臂肌群会整体绷紧并使整个前臂像木棒一样硬

16 Q

像直拳这样威力大的重拳可以连击吗

首先要明白一点，那就是，所谓连击是指每两拳之间的间隔要在 1s 之内，否则就失去了连击的意义，其击打效果跟普通单独一记重拳没什么两样。我曾经对一位少林寺拳法高段位者前手直拳单独击打和后手直拳连续击打的打击力进行过测试，其后手直拳的击打时间间隔为 0.1~0.3s 之间（表 2-3）。

从当时的测试结果来看，连击的攻击力要整体弱于单独击打，而且时间间隔越短、连击速度越快，攻击力就越低，相反，时间间隔越长，连击的攻击力就越接近单独击打（表 2-4）。连击的第一击的攻击力有时候只有单独击打的一半左右，其击打效果跟拳击的轻刺拳没什么两样。

如果刻意将第一击的攻击力提升到刺拳之上的话，那么第二击的攻击力就会下降。说得夸张点就是，连续击打的**第一击与第二击的攻击力加起来相当于后手直拳一记单独击打的攻击力**。

接下来我们从能量转化的角度来分析一下这个现象。在单独击打时，肌肉有足够的时间积蓄击打所需的能量（调动身体运动的能量）。而在连击中，第一击命中目标之后，此前积蓄的能量就会迅速消失（拳头在击打瞬间停止继续位移），**身体无法在这么短的时间内为第二击提供足够的能量发动进攻，所以第二击的击打威力就会下降**。

Q13 中提到的前手刺拳掩护下的后手直拳的击打效果与后手拳连击的效果基本相同，第一击前手刺拳不但兼具预备动作和佯攻的作用，还能为第二击后手直拳积蓄足够的能量。

在比赛中，把对方逼至角落后在击打上采取有节奏的强弱配合，调节连击的时间间隔，**抓住对方的防守漏洞施以重拳**而非一路穷追猛打，才是行之有效的战术。

表 2-3　少林寺拳法高段位者连击间隔时间统计

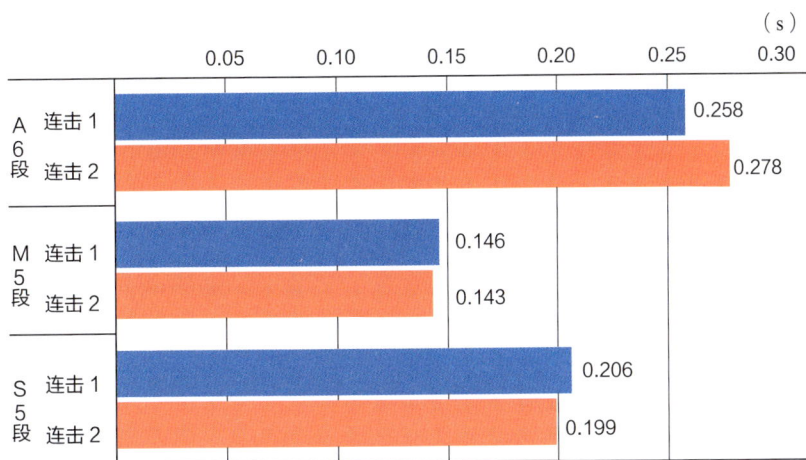

表 2-4　少林寺拳法高段位者单独击打和连击最大冲击力统计

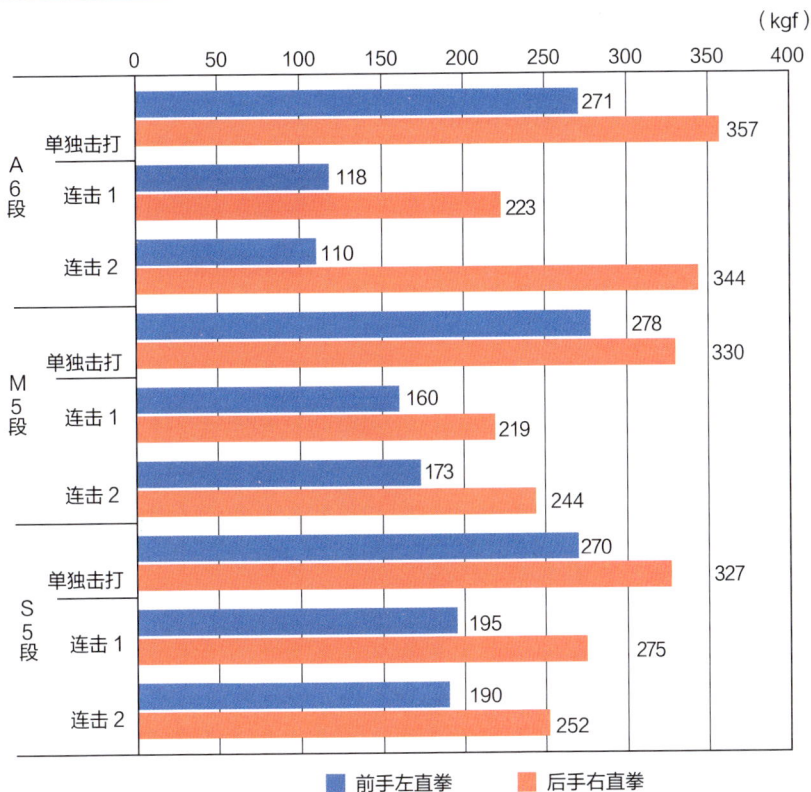

17

据说后脚上步打出去的拳威力更大，请介绍一下这种打法

以左脚和左手在前的左式站架为例，当我们要用后手右直拳击打对方的时候，为了拉近敌我距离，便于进攻，基本上所有的格斗术都会按照先左脚后右脚的顺序上步欺身，再出拳击打。这样经过上步移动之后，依然会保持左脚在前、右脚在后的架式。但是像迈克·泰森这种一流的世界级拳击手则会**保持前脚不动，然后随着后脚向前的一个大踏步甩出去威力十足的一记后手直拳**。

很多人认为前进中打出去的拳头更有威力，但是我的实验结果显示，奋力前进打出去的拳头冲击力反倒会下降（表2-5、表2-6）。其原因在于普通上步在前脚落地的同时会突然刹住身体前冲的势头，将好不容易积蓄起来的身体向前冲的惯性瞬间归零。况且在前脚落地之后，再想通过后脚蹬地为打出去的拳头加速也已经来不及了。并且，如果借助后脚蹬地的出拳时机不对，反倒会因为整体进攻花费时间过长而遭到对手反击。

综上所述，由于前进破坏了身体平衡，进而影响击打的威力，所以一边前进一边出拳击打，拳头的威力反倒不如原地拧腰转体打出去的拳头威力大。

不过，空手道中有一种名为"步足"的步法，可以一边前进一边出拳击打。这种步法是脚贴着地板向前滑行前进的，因此不会像踩刹车一样将身体前冲的惯性归零。此外，后脚会一直稳稳地踩住地面来为身体提供支撑，并通过蹬地为全身提供一个向前的加速度，再通过转体出拳将其转化为打击力（图2-6）。实际上在空手道中，相较于原地拧腰转体打出去的拳头，这种配合步足打出去的拳头无论是最大冲击力还是冲量都要大得多。

从理论上来讲迈克·泰森那种**后脚上步打出去的拳跟空手道的步足冲拳有异曲同工之妙**。不过通过后脚上步来给全身加速借以提高拳头威力的击打方法更费时间，在快节奏的拳击比赛中，对攻守时机的准确把握显然比这个更加重要。

表2-5 原地出拳与上步冲拳（后手直拳）最大冲击力 F_M 的比较表

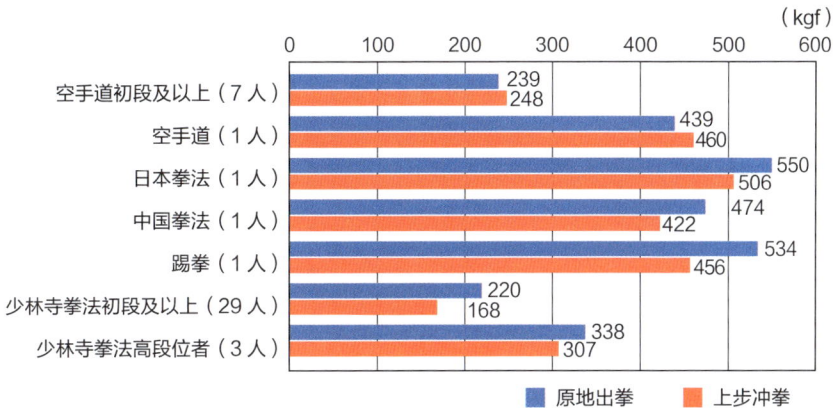

（kgf）

类别	原地出拳	上步冲拳
空手道初段及以上（7人）	239	248
空手道（1人）	439	460
日本拳法（1人）	550	506
中国拳法（1人）	474	422
踢拳（1人）	534	456
少林寺拳法初段及以上（29人）	220	168
少林寺拳法高段位者（3人）	338	307

■ 原地出拳　■ 上步冲拳

表2-6 原地出拳与上步冲拳（后手直拳）产生冲量 I 的比较表

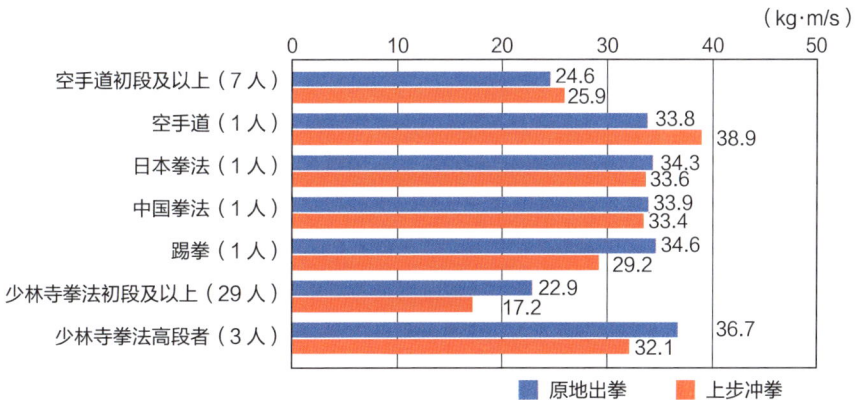

（kg·m/s）

类别	原地出拳	上步冲拳
空手道初段及以上（7人）	24.6	25.9
空手道（1人）	33.8	38.9
日本拳法（1人）	34.3	33.6
中国拳法（1人）	33.9	33.4
踢拳（1人）	34.6	29.2
少林寺拳法初段及以上（29人）	22.9	17.2
少林寺拳法高段者（3人）	36.7	32.1

■ 原地出拳　■ 上步冲拳

※ 少林寺拳法高段位者测试之后发现测试的时候冲击力测定仪松动了，导致最大冲击力测试结果相对较低，所以只在冲量一项上与其他拳种进行比较就好。

※ 空手道、日本拳法、中国拳法、踢拳的测试对象均为大学中该项目的一流选手。

图2-6 配合步足打出的冲拳

⊙图中表现的就是空手道中配合步足技法打出的冲拳。注意，步足是以脚底在地板上滑行的方式上步，而不是前脚踩在地板上以刹住身体前冲的势头

18

为什么出拳的时候有意识地回拉手臂能够提高击打速度

举一个直观点的例子，比如空手道中伸展肘关节、甩动前臂打出去的里拳打。伸展肘关节依靠的是上臂背面的肱三头肌，肱三头肌的收缩速度 V 越快，肘关节伸展打开的速度（准确来说是上臂和前臂的夹角的增加速度＝角速度）就越快。

读到这里，恐怕很多读者会认为，那我们只要拼命练习肱三头肌不就万事大吉了吗？理论上没错，不过这里有个问题：遍布人体的骨骼肌有个共同性，那就是发力的时候，肌肉收缩的速度 V 越大，产生的收缩力 F 越小，当收缩速度超过极限 V_0（空挥的极限速度）的时候，收缩力就会降至 0（图 2–7）。

也就是说，在肘关节伸展之初，肱三头肌能够释放的收缩力最大，但是随着肘关节角速度不断变大，释放的收缩力越来越小，直至降为 0。随着力量的减小，肌肉收缩的感觉，也就是发力的感觉也跟着不断减弱。所以伸展肘关节的速度越快，肌肉这种紧绷发力的感觉自然也就越弱。

如果不了解以上这些问题，出拳时**越是追求肌肉紧绷的收缩感，控制肘关节回拉的肱二头肌就越用力，这样反倒会导致肘关节打开的角速度随之下降**（图 2–8）。其结果就是觉得自己很用力，可实际上挥拳击打的速度并不快。所以"有意识地回拉手臂"真正的含义是"**出拳的时候不要拘泥于肱三头肌收缩绷紧的发力感**"。此外，高速伸展打开的手肘如果用力过猛、伸展幅度过大的话，还容易造成肘关节的关节囊拉伤，所以当手臂伸展幅度过大的时候，负责收缩的肌肉就会下意识地收缩以进行自我保护。我们还可以借助这种下意识的保护性收缩来加快收拳的速度。

图 2-7　全程收缩肌肉时肌肉收缩力 F 与收缩速度 V 之间的关系

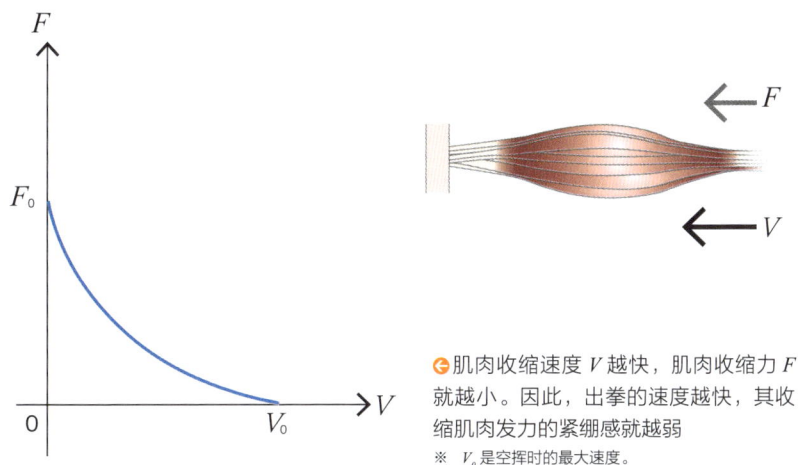

↩肌肉收缩速度 V 越快，肌肉收缩力 F 就越小。因此，出拳的速度越快，其收缩肌肉发力的紧绷感就越弱

※　V_0 是空挥时的最大速度。

图 2-8　肱二头肌和肱三头肌各司其职

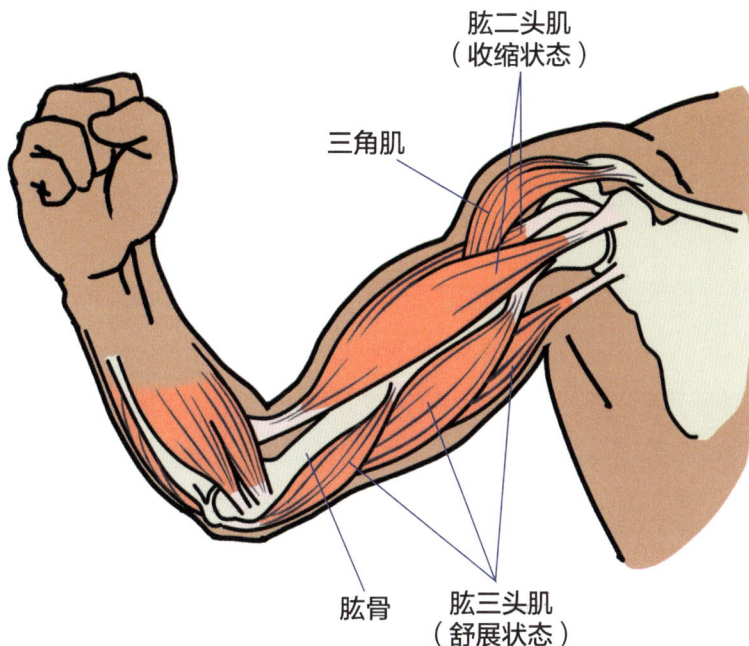

肱二头肌
（收缩状态）

三角肌

肱骨

肱三头肌
（舒展状态）

↑负责伸展肘关节的肱三头肌和负责收缩肘关节的肱二头肌

掌根劈砍和手掌扇击有什么不同

　　掌根劈砍和手掌扇击都是通过高速抡动的前臂带动张开的手掌去击打目标，但是从力学角度来看，二者大相径庭。首先，二者用来击打目标的手掌部位不同。手掌扇击是用高速挥动的掌心扇击对方侧脸。在击打瞬间，手掌容易发生形变，因此手掌扇击相当于在用一件质地较软的东西去击打目标。此外，在扇击的时候，因为手腕是处于放松状态的，所以传导到对方脸侧的只有扇击时手掌产生的动量。即便在击中目标的瞬间发力锁死手腕，手腕也会因为受到来自被击打目标的反作用力而向后弯曲，所以前臂的质量虽然大于整个手掌的质量，但抡动前臂所产生的动量并不能完全转化为击打目标的冲击力作用于被击打目标。

　　虽然与手掌扇击的击打方式相近，但掌根劈砍用的是手骨的根部。手骨根部的腕骨是由八块小骨像石头墙一样分上下两层堆砌组合而成的，因此其硬度很高，而且受到撞击时不易发生形变（图2-9）。即便仅仅依靠手掌的动量击打目标，其产生的瞬间冲击力也要远大于手掌扇击。此外，由于掌根连接着手腕，前臂抡动产生的动量更容易通过手腕一同作用到对方的侧脸，这样更增加了掌根劈砍的威力。

　　掌根除了劈砍之外还可以戳击目标，掌根戳击在日语中称为"掌底打"，即采用直拳一样的直线型击打方式，用结实坚硬的掌根去戳击目标（少林寺拳法称其为"熊手突"，图2-10）。拳锋击打实际上是用位于掌骨末端的掌骨头击打目标，连接拳头和手臂的则是柔软灵活的腕关节。不过手腕在外力作用下很容易发生形变，缓冲掉一部分手臂击打的冲击力，导致击打威力下降。结实的掌根在粗壮的桡骨的支撑下可以毫无顾虑地戳向目标，这样整个前臂击打的动量都可以毫无损失地作用到目标上，所以掌根戳击的威力要远大于直拳。不过需要注意的是在用掌根戳击目标过程中掌形的变化。如果一开始就摆出四指弯曲、掌根前伸的掌形去戳击目标，会大幅度降低击打的速度。正确的做法是抓住即将击中目标的瞬间，掌根前伸，戳打目标，在指伸肌等前臂肌群的共同作用下，肘关节完全伸展，为戳击加速。这样整个手掌自然而然就会形成四指弯曲、掌根前伸的掌形。

图 2-9 手掌、手腕、前臂骨骼

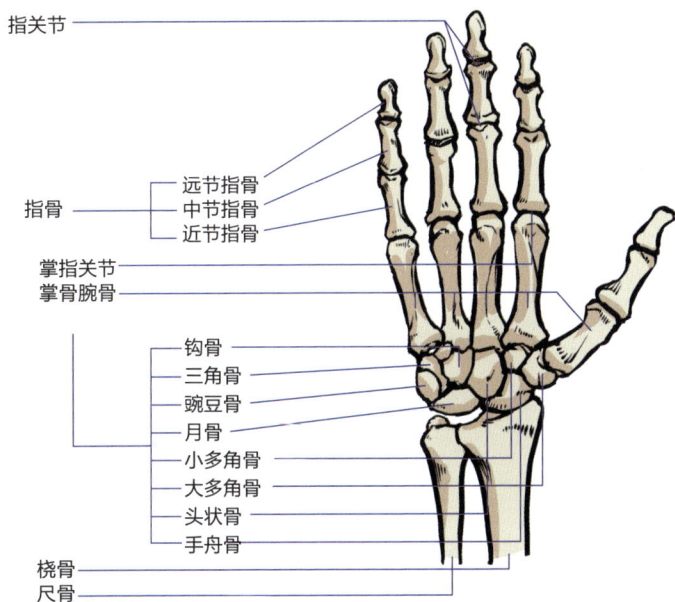

- 指关节
- 指骨
  - 远节指骨
  - 中节指骨
  - 近节指骨
- 掌指关节
- 掌骨腕骨
  - 钩骨
  - 三角骨
  - 豌豆骨
  - 月骨
  - 小多角骨
  - 大多角骨
  - 头状骨
  - 手舟骨
- 桡骨
- 尺骨

图 2-10 少林寺拳法中的"熊手突"

格斗比赛中即便有拳套保护，选手也很危险，是真的吗

几乎所有允许击打头部的格斗选手都要佩戴拳套。后文 Q74 也会提及，在格斗比赛中，拳套具有保护攻击方双手和防御方头部的双重作用。佩戴拳套可以增大拳头与面部的接触面积，大幅度降低击打产生的压强（压强 = 冲击力 ÷ 接触面积）。

佩戴拳套可以大幅度降低选手受伤的概率，提高格斗比赛的安全性，不过即便这样，也不能说有拳套保护就是万无一失的。

表面上看起来，包裹在拳锋外面的拳套似乎可以成为很好的缓冲层，能够降低出拳瞬间的最大冲击力。不过，细究起来可能并不是这样的。一方面，出拳击打所产生的冲击力主要来自手臂伸展和拧腰转体产生的动量，而实际上手臂和身体的硬度要比木棒小得多，因此，即便用拳套包裹住拳锋也无法令拳锋变得更加柔软。所以，拳套对于减小冲击力基本上起不到什么作用。

另一方面，缠上绑手带和戴上拳套之后，手腕会得到加固，变得更加稳定，选手可以毫无顾虑地全力挥拳击打目标而不必担心手骨断裂或者拳头受伤。所以，实际上拳头在附加上拳套的重量之后反倒会威力倍增（图 2-11）。

结果就是，佩戴的拳套越重，出拳击打的瞬间最大冲击力和冲量就越大。我所做的实验测试结果显示，佩戴拳套击打产生的最大冲击力（不是击打时的压强，请各位读者注意区分）明显要高于裸拳击打产生的最大冲击力（表 2-7、表 2-8）。

再来看看裸拳击打。只要拳头的硬度和威力够大，裸拳击打很容易就能打断对手的下颌骨而胜负立判。被打断下颌骨固然是非常严重的伤，但从另一个角度来看，这恰好可以吸收击打产生的冲击，成了大脑的缓冲层，从而减轻了大脑所受到的震荡。而戴上拳套可以使拳头得到有效保护，从而增强拳头的抗击打力，提高击打次数，使选手在挥拳击打的时候不必顾虑手骨断裂或者拳头受伤，其结果就是击打产生的震荡会反复伤及大脑，这导致大脑遭受致命伤害的概率大幅提高（图 2-12）。

图 2-11 拳套重量与击打产生的最大冲击力之间的关系

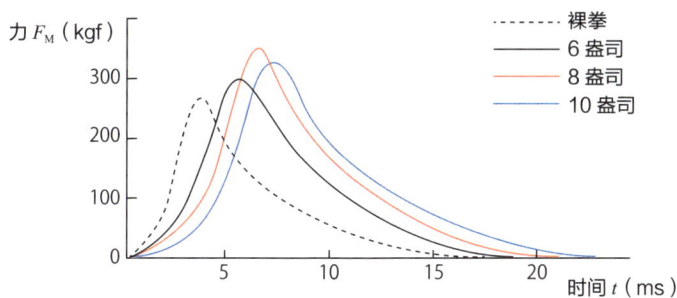

从左表可以发现，裸拳击打的最大冲击力数值最小，佩戴重 8 盎司的拳套击打的最大冲击力数值最大

表 2-7 某一流格斗选手后手直拳的最大冲击力测试结果

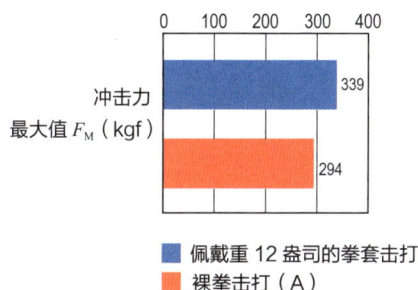

■ 佩戴重 12 盎司的拳套击打
■ 裸拳击打（A）

表 2-8 某一流格斗选手后手直拳的冲量测试结果

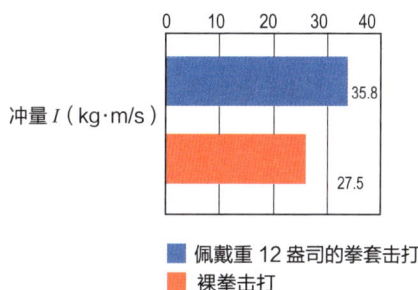

■ 佩戴重 12 盎司的拳套击打
■ 裸拳击打

如以上两个表格所示，佩戴重 12 盎司的拳套击打产生的最大冲击力和冲量都要大于裸拳击打，分别是裸拳击打的 1.15 倍和 1.3 倍

图 2-12 裸拳击打产生的压强虽大，但冲击力小

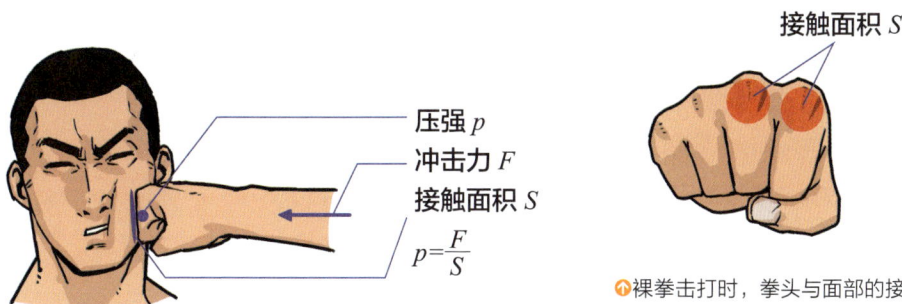

压强 p
冲击力 F
接触面积 S

$$p=\frac{F}{S}$$

接触面积 S

裸拳击打时，拳头与面部的接触面积更小，因此压强更大，但是佩戴拳套击打产生的冲击力则更大

21 Q

如果双方距离过近，
拳击中的短勾拳还能够奏效吗

在拳击比赛中，双方近身缠斗的时候会频繁使用短勾拳对攻。短勾拳的击打距离通常为 40~50cm。但如果击打距离比这个小，这时就要像前文 Q13 中所说的那样，借助前手伴攻将出拳手后拉以保证足够的击打效果。和其他拳击技法一样，短勾拳的要领在于通过步法变化带动腰部转动，并压低上身为肩膀转动提供足够的空间，最后挥拳击打目标。从力学角度来说，其原理是借助双脚以及身体的大肌群共同发力推动肩膀，使拳头加速打向目标。

明白其中原理就能够理解为什么手臂的发力距离很短也能够打出威力十足的一击了，因为出拳手可以从肩膀的转运中获得足够的能量并利用其为打出的拳头加速（表 2-9、表 2-10）。另外在练习短勾拳时，如果能将出拳距离从 50cm、40cm 缩短至 30cm 甚至 20cm，经过一段时间的训练，拳头的击打威力就会发生质的飞跃。

我用这种方法练习之后，能够从约 10cm 的距离用掌根一击劈开 3 块大学空手道部使用的击破木板。如果击打角度和勾拳相同，以这个力道击打对手的下颌，恐怕会将对方一击而倒，因为这种击打方法角度刁钻、动作隐蔽，对方很难察觉。

●寸劲

相较于短勾拳，寸劲的击打距离更小，达到了 1 寸（3cm），李小龙先生曾将其翻译为 "One Inch Punch" 介绍给西方世界，并凭借寸劲绝技在公开表演上技惊四座，之后声名鹊起。用寸劲击打目标的时候，手臂通常处于伸展状态，拳锋或者手指前端靠近击打目标，然后瞬间扭腰发力，推动肩膀快速前推，使处于伸展状态的手臂瞬间加速打向目标。

要想打出威力巨大的寸劲，另外一个秘密在肩，确切来说是在肩关节的肩

表2-9　各种格斗术出直拳时手臂动能的最大值 E_M 与从肩膀传导至手臂的动能 E_S 对比表

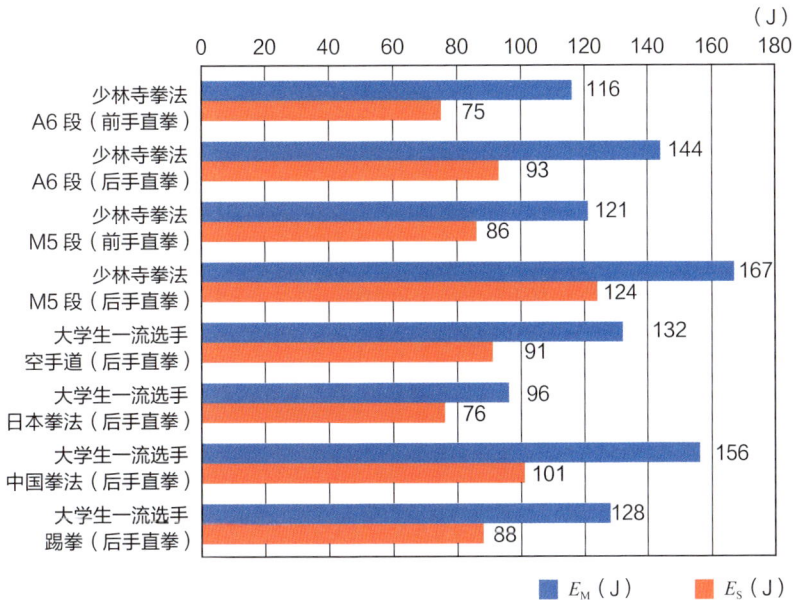

（J）

	E_M	E_S
少林寺拳法 A6段（前手直拳）	116	75
少林寺拳法 A6段（后手直拳）	144	93
少林寺拳法 M5段（前手直拳）	121	86
少林寺拳法 M5段（后手直拳）	167	124
大学生一流选手 空手道（后手直拳）	132	91
大学生一流选手 日本拳法（后手直拳）	96	76
大学生一流选手 中国拳法（后手直拳）	156	101
大学生一流选手 踢拳（后手直拳）	128	88

■ E_M（J）　■ E_S（J）

※ 在日语中，前手直拳被称为"顺突"，后手直拳被称为"逆突"。
※ 焦耳（J）为表示能量的单位（以144km/h的速度飞行的棒球所具有的动能为120J）。

表2-10　出拳手手臂动能的最大值 E_M 与从肩膀传导至手臂的动能 E_S 的比值 $\dfrac{E_S}{E_M}$ 对比表

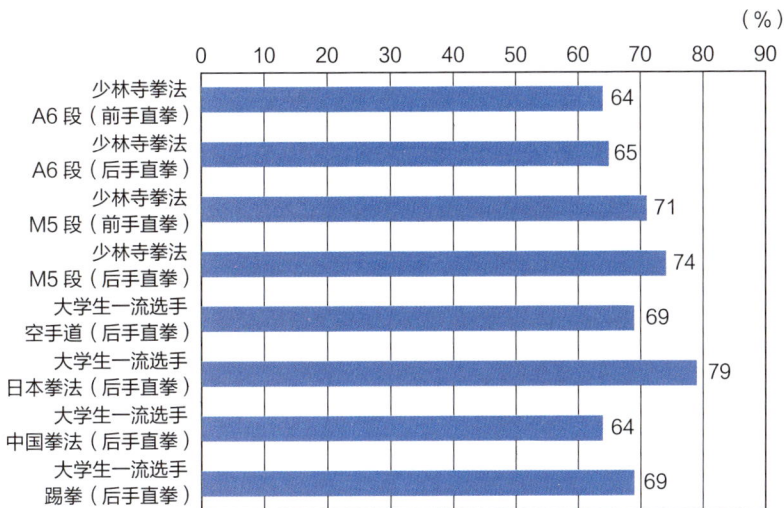

（%）

	$\dfrac{E_S}{E_M}$
少林寺拳法 A6段（前手直拳）	64
少林寺拳法 A6段（后手直拳）	65
少林寺拳法 M5段（前手直拳）	71
少林寺拳法 M5段（后手直拳）	74
大学生一流选手 空手道（后手直拳）	69
大学生一流选手 日本拳法（后手直拳）	79
大学生一流选手 中国拳法（后手直拳）	64
大学生一流选手 踢拳（后手直拳）	69

⬆由上表可以看出，手臂出拳的 2/3 以上动能实际上是由肩膀提供的

胛骨外侧凹陷处。肩胛骨可以向周围各个方向伸展大约 10cm 的距离。首先，一边尽量将肩胛骨完全外展一边把拳头靠近击打目标；然后，身体重心后移，向后扭腰转体并向内收肩胛骨，这样就能在不收回手臂的状态下，通过上身拧腰转体来为拳头加速；最后在拳头即将打中目标的瞬间完全伸展开肩胛骨（约 10cm）。像这样**利用收放肩胛骨配合上身拧腰转体就能够打出威力十足的寸劲重拳了**（图 2-13）。

在格斗比赛中，面对重拳击腹时，很多选手会配合腹肌收缩的力量以及腹腔压力去硬挨，虽然只有一瞬间，但也足以将对方的重击化解于无形。遇上这种情况，寸劲拳就派上用场了。第一拳击中对方腹部之后并不收回拳头，而是抓住对方腹部肌肉松懈的瞬间，在同一位置用寸劲拳向其腹腔深处再次击打，对方的腹腔内部就会受到更严重的伤害。而且由于寸劲特殊的击打方式，只要实战情况允许，还可以继续打出第二击、第三击。

●零劲

还有一种击打方法被称为"**零劲**"，它的发力距离比寸劲更短，几乎是零距离贴在对手身上发力。我曾经看到过太极拳高手池田秀幸老师演示过这种独特的技法。根据池田老师的解释，零劲的原理和诀窍在于首先引诱对方将气（意念）集中到身上的某个位置，然后突然击打这个位置周围其他"气不够集中"且毫无防备之处。池田老师当时把手掌贴在我胸前，然后掌心略微内凹，给我胸前留出一道缝隙，随后五指指端突然向上发力，推蹭我咽喉附近的胸部肌肉。

当时我的注意力（气）被吸引到那五指上，离池田老师掌根较近的位置瞬间处于毫无防备的状态，而就在这一瞬间，池田老师用掌根轻轻地发力按压我的胸口。这一击看似轻而无力，却带有一股难以形容的穿透力直贯我的胸腔，压得我一时呼吸困难。池田老师的零劲可以击碎瓦片，如果当时他全力一击，恐怕我的心脏会骤停。

图 2-13　肩胛骨的内收与外展

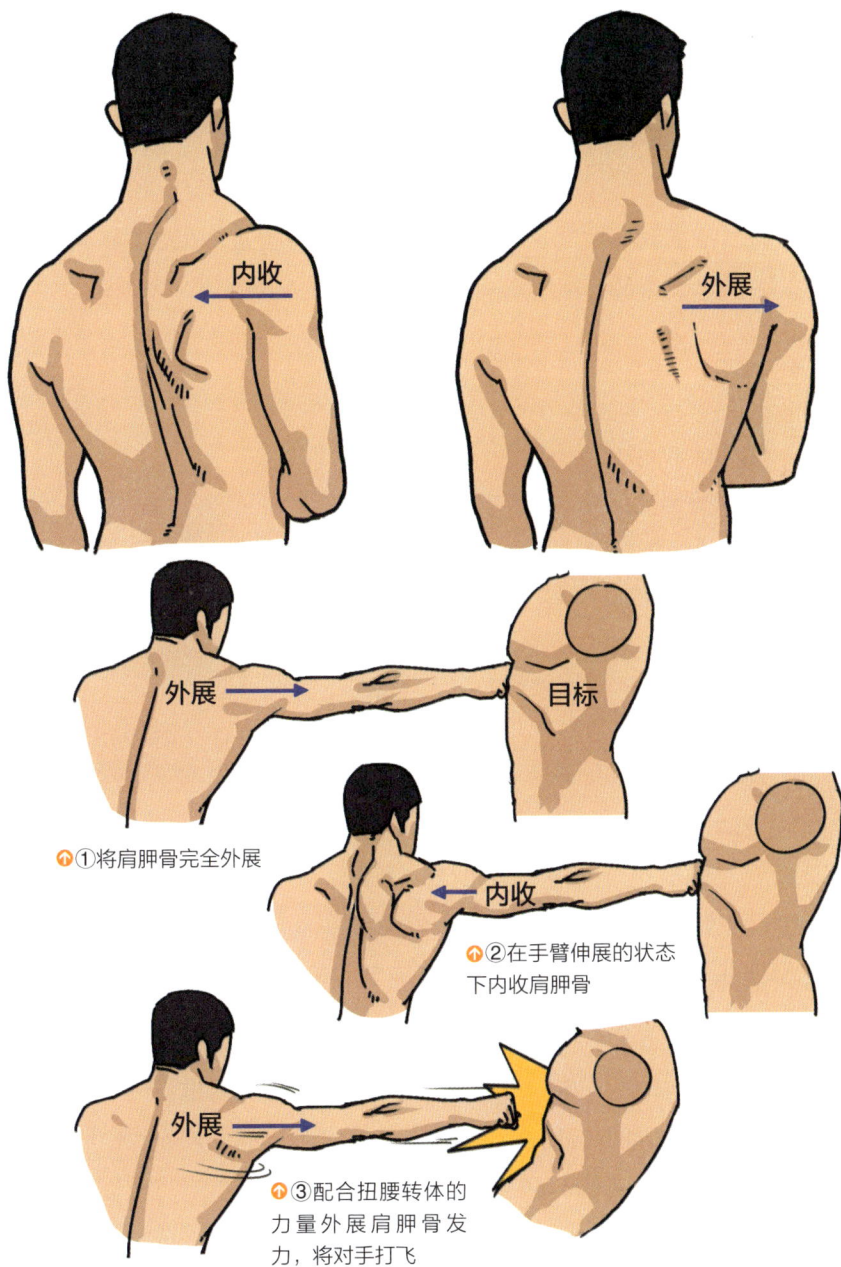

①将肩胛骨完全外展

②在手臂伸展的状态下内收肩胛骨

③配合扭腰转体的力量外展肩胛骨发力，将对手打飞

22

拳头在接触对方的状态下
可以凭借回拉拳头给对方造成伤害吗

　　有些空手道修习者在正拳击中对方之后，不但不急着收拳，还要用拳头狠杵对方一下。这种打法其实是把全身向前猛撞的力量（动量）通过手腕经拳头作用到对方身上，感觉上就像是在用拳头"狠杵"一样。

　　Q01 中曾经说明过冲击力产生的原理，即向着目标撞击的物体可以产生冲击力（冲量）。拳头击中对方之后如果完全停止（动量变为 0），就不会继续产生冲击力了。就像球击中软垫停了之后就不再产生冲击力一样。

　　不过，皮球撞到坚硬的墙壁并反弹回来又是什么情况呢？从力学角度来看，**皮球撞向墙壁的力加上推动墙壁反弹回来的力之和等于皮球作用给墙壁的全部冲击力（冲量）**。就像蹬地跳跃时，双脚会向地面施加作用力一样。

　　如果击打人体这种比较柔软的目标，即使拳头打进去也不会发生反弹。可如果在拳头击中对方并停下来之后，手臂二次发力，像用脚蹬地一样狠杵对方并借力向后跳开的话，就会像撞在墙上反弹的皮球一样，对墙壁再一次产生冲击力（冲量）（图 2-14）。

　　综上所述，击中对方并停下来之后**再用拳头狠杵对方的身体**，就能够再次产生冲击力，给对方造成二次伤害，使击打效果倍增。大东流合气柔术的刚本真老师曾经对这种技法做过解释："想象对方的身体像火焰一样烫，虽然不想放手，但还是因为忍受不了这个热度而打算抽手离开，此时却发现身后有堵墙。于是用拳把对方的身体使劲杵开，并靠着手臂这股力量将身体向后推，连带那堵墙一并撞倒。"虽然这个技巧难度很高，可一旦成功，真的可以将对方打飞。

图 2-14　给对方造成二次伤害的击打技巧

⬆①四指弯曲并用手指
外侧轻触对方的身体

⬆②一边握紧拳头，一边发力击
打对方。大约有 10 厘米的距离
留给身体朝前推动手臂发力

⬆③用拳头狠杵对方的身体
并借力向后跳开，感觉像是
拳头向前、肩膀向后

23

为什么平勾拳和上勾拳比直拳更加难以命中对方，而且容易伤到自己的手骨

通常情况下，未经训练的普通人在打架的时候都是毫无章法可言的，双方基本上是在用一种像拉长了的勾拳一样的直拳互殴。其实就算是拳击中的直拳，也是有很多要领需要通过训练来掌握的，更不要说真正的平勾拳和上勾拳了，所以，没有经过训练的普通人在实战中基本上是打不出平勾拳和上勾拳的。

至于原因，我们可以从用裸拳击打这个角度来分析。

直拳是用拳锋直线击打对方面门的。哪怕对方的头部多少有点前后移动，拳锋最后还是会击中面门。**在面对攻击的时候，人类的本能是向后闪避，所以直拳是相对容易命中的一种打法。**

但是面对对方打来的右直拳，如果我们将面门稍微向我们的左侧（对方的右侧）横移，对方拳头的小指一侧就会撞上我们的颧骨。这时候，对方拳头击打的反作用力会全部集中在自己右拳小指的近节指骨上，很容易导致小指近节指骨断裂。实际上，如果我们去医院看看打架斗殴者的手部 X 线片，就会发现很多人断的就是这根骨头。

较易命中的直拳尚且如此，想用平勾拳或者上勾拳准确打中对方的面门更是难上加难。为什么？**因为相比直拳，勾拳需要在瞬间准确预判并把握击打距离。**当用平勾拳击打对方头部的时候，如果对方后仰躲闪的幅度超出预判，击打拳的小指则会撞上对方的侧面头骨。而用上勾拳击打对方头部的时候，如果对方头部向前移动的话，击打拳的指骨（远节指骨、中节指骨和近节指骨）就很容易因撞上对方的下颌骨而骨折（图 2-15）。

虽然拳击手会用绑手带绑紧手指、拳锋以及手腕，然后再套上拳套，然而这并不能完全消除击打时产生的疼痛。在比赛中，新手很难保证自己的双拳不会在剧烈的高频击打下打得生疼。

图 2-15　平勾拳和直拳的击打轨迹与效果的比较

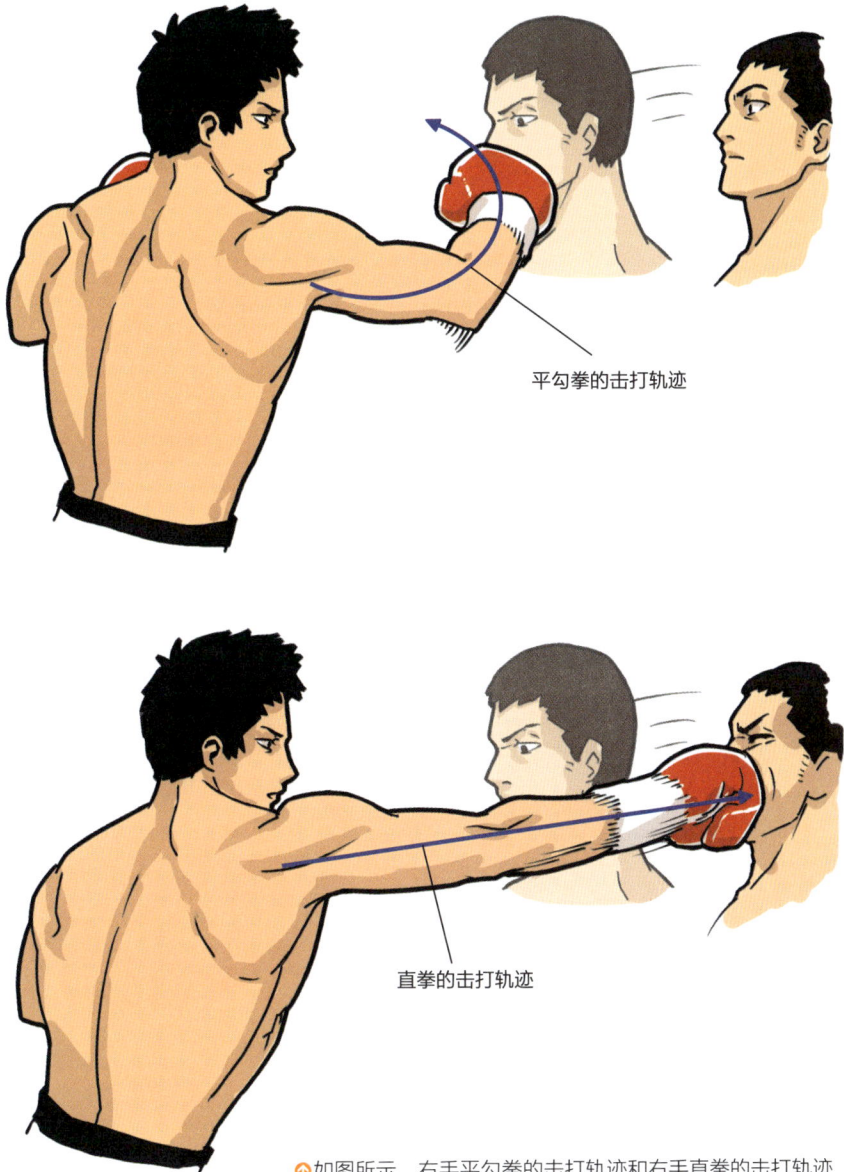

平勾拳的击打轨迹

直拳的击打轨迹

↥如图所示，右手平勾拳的击打轨迹和右手直拳的击打轨迹
不同，因此右手平勾拳更难以命中目标且更容易使拳头受伤

24 为什么练摔跤出身的拳击手打出的上勾拳威力更大

用上勾拳击打目标的时候，肘关节总是保持一个固定不变的角度，主要是依靠上臂的挥动来推动拳头（肩关节的角度是变化的）向上击打。但是如果仅靠肩膀周围的肌群挥动上臂的话，则难以产生足够的击打威力。所以，和直拳一样，上勾拳也要借助扭腰转体的力量推动肩膀前伸发力，这股力量再推动手臂向上击打，这样的击打才能威力十足。

此外，出左手上勾拳的时候，还要注意利用左腿膝关节向上弹起的力量带动整个身体击打对方，同样，用右手上勾拳近身击打对方的时候，也要借助右膝向上弹起的力量，让拳势更加迅猛。像这样双腿蹬地、扭腰转体、肩膀前伸、连贯发力打出的上勾拳可以算是教科书式的标准拳击上勾拳。

我们可以将上勾拳的整个击打过程看作三级助推火箭，而作为第一级火箭助推器的肩膀要想最大限度释放力量、推动拳锋击打对方，仅仅依靠扭腰转体和伸展膝盖还不够，还可以像反曲弓一样弓起后背，在肩膀推动手臂向上击打的瞬间伸展后背，协助发力，从而增加上勾拳的击打威力。而辅助肩膀协调发力的**力量来源就是后背的大肌群**（图 2-16）。

摔跤手为了提高抱摔能力，通常会专门训练后背肌群的力量和双腿的蹬力。摔跤手出身的拳击手借助自己发达的背部肌群和双腿强大的蹬力打出的上勾拳，比普通拳击手仅靠转体蹬地打出的上勾拳威力更大。

在不适用拳击规则的近身缠斗中，如果被这种威力巨大的上勾拳击中，除了要承受击打带给内脏的伤害，还会被打得双脚离地并向后飞出去。

但是在双方步法都非常灵活、攻防转换异常迅速的拳击比赛中，我还是认为标准的拳击式上勾拳更有利于赢得比赛。

图 2-16　怎样打出威力十足的上勾拳

⬆像这样先双膝下蹲、弓起后背再突然向上发力打出去的上勾拳威力非常大

为什么肾脏击打非常危险

肾脏（kidney）位于腹腔内、脊柱两侧，紧贴腹后壁，居腹膜后方。拳击技术术语肾脏击打（kidney blow）指的是"从后方击打对方肾脏部位"的犯规行为，这条比赛规则是为了保护选手，使其能够在健康安全的环境下进行比赛而设立的。

我们一起看一下担负着保护内脏任务的肋骨的结构。从后背上的脊椎骨向前伸展出来的 12 对肋骨中，呈环形包裹胸腔并与身体正面的胸骨直接相连的只有最上面的 7 对肋骨。中间的 3 对肋骨是与肋软骨相连的，而**最下面 2 对肋骨的末端则处于自由浮动状态**（图 2–17）。而之所以击打剑胸结合下方周围的区域会造成呼吸困难，就是因为这里缺少肋骨的保护。

虽然后背下部（腰部）有粗壮的脊椎骨和脊椎两侧的竖脊肌从后面支撑并保护腹腔，但是腰部两侧的肌肉壁相较于正后方的竖脊肌和正前方的腹直肌要单薄得多，因此承受击打的能力也弱得多（图 2–18）。

人体的肾脏差不多跟握着的拳头等大，其作用主要是将血液中的废物过滤出来并形成尿液排出体外。位于肾脏上方的肾上腺则作为重要的内分泌器官负责分泌激素。肾脏的上半部分由肋骨的下半部分覆盖并保护，**下半部分却只能靠腰部侧面单薄的肌肉壁保护**，所以击打产生的冲击力很容易穿过这层薄薄的肌肉壁直达肾脏（图 2–19）。弯曲肘部可以挡住针对腰部侧面的击打，但是对来自背后或者后侧方的击打就鞭长莫及了。一位已经退役的职业拳击手跟我说，在拳台上，每当和对手搂抱在一起时，趁着裁判员看不到，如果用拳头朝着对方的后背一顿猛凿，就可以一点点削减对方的体力。

在我的学生时代，大学生运动非常频繁，那时我一个熟人在参加完学生游行之后居然尿血了，于是慌慌张张地去看医生。医生判断，可能是在游行的学生发生冲突的时候，这位熟人的后背遭到踢打，肾脏受伤才导致尿血的。

图 2-17 肋骨的结构

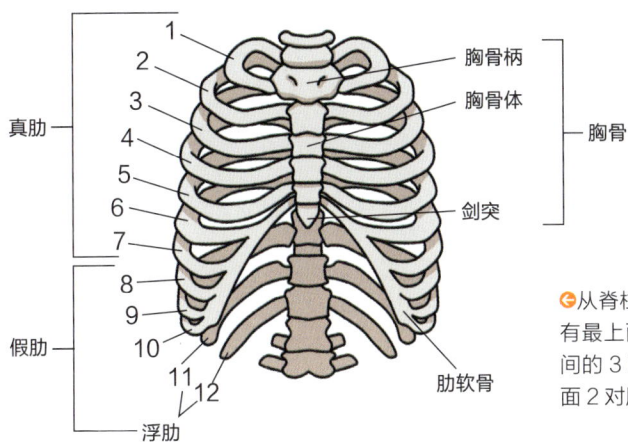

真肋

假肋

浮肋

1
2
3
4
5
6
7
8
9
10
11
12

胸骨柄

胸骨体

胸骨

剑突

肋软骨

❻从脊柱向前伸展出来的 12 对肋骨中，只有最上面的 7 对是与胸骨直接相连的。中间的 3 对肋骨是与肋软骨相连的，而最下面 2 对肋骨的末端则处于自由浮动状态

图 2-18 腰部横断面图

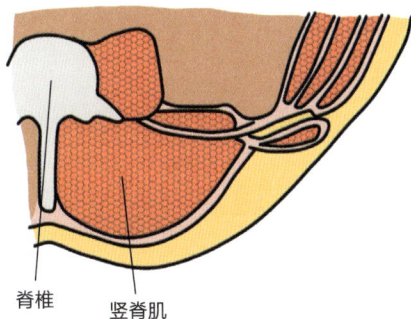

脊椎

竖脊肌

❻从腰部的横断面来看，人体后背脊柱两侧分布着两条非常粗壮的竖脊肌，但是腰两侧的肌肉壁却十分单薄

图 2-19 肾脏位置图

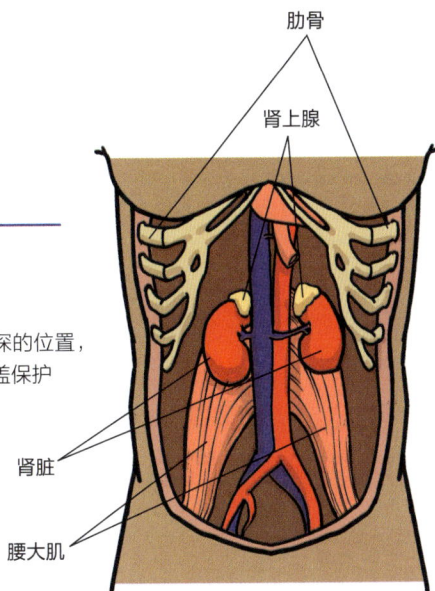

肋骨

肾上腺

肾脏

腰大肌

❺左右肾脏位于腹腔内较深的位置，且只有上半部分有肋骨覆盖保护

26

在体育励志电影《明日之丈》中出现的
十字迎击拳（交叉反击拳）真的威力无比吗

英文 counter 是反击或者迎击的意思。迎着对手打过来的拳而打回去的反击拳，在拳击中通常被称为"迎击拳"。因为双方是同时上步出拳击打，所以对攻的速度相当于一下子快了将近一倍，而威力也自然随之倍增。接下来，让我们一起从力学角度仔细分析一下迎击拳。

在 Q03 中已经说明过，拳头击打的冲击力并不仅仅来自拳头本身，特别是出重拳击打对方躯干时，还要把自己身体（出拳手臂及肩膀周围）产生的动量也转化为拳头的冲击力并施加给击打目标。如果我们用衡量拳头击打威力的冲量来分析，就会发现，出拳击打时，与小小的拳头相比，前臂、上臂、躯干产生的冲量要占据更大的比例（表 2–11）。

以我实际测试的数值结果来看，当对方以 2m/s 的速度上步近身的时候，打向对方的迎击拳拳速由 7.2m/s 突然激增至 9.2m/s，增加了 28% 左右。而上臂的移动速度则由 3.8m/s 激增至 5.8m/s，增加了 53%。包括前臂和上身在内的全身动量，也就是作用到对方身上的冲量则由 30.5kg·m/s 增加到 47.9kg·m/s，增加了 57%。

虽然无法准确计算出迎击拳命中对方的最大瞬间冲击力，但是从冲量的增加程度来看，最大瞬间冲击力的增幅也小不了。对方上步击打的速度越快，迎击拳的击打就越重（击中身体）、越迅猛（击中面门）。

迎击拳在实战中的另一个效果是能够挫败对方的锐气，令对方由主动进攻转为消极防守。电影《明日之丈》中的十字迎击拳的特点之一就是双方出拳的手臂是交叉在一起呈"十"字形的。举一个例子，面对攻方一记势大力沉的前手左直拳（而非佯攻的前刺拳），反击的一方一边躲闪，一边用右直拳迎击。就在攻方满心以为自己的左直拳可以成功命中对方的瞬间，对方突然从自己手臂外侧打过来一记势大力沉的迎击拳，如果这一记迎击拳反击成功，一击将攻方击倒也不是没有可能。

表 2-11　普通击打与迎击拳的威力对比

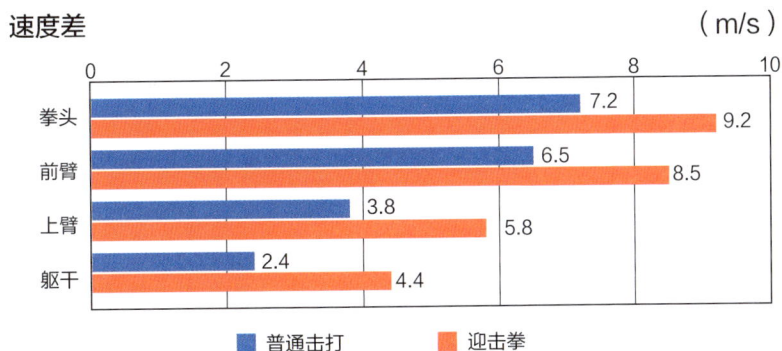

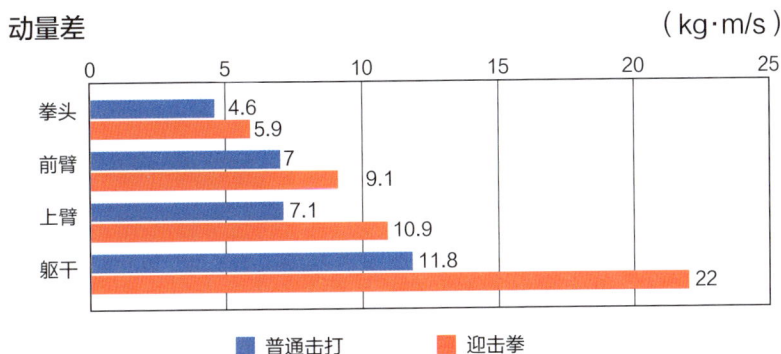

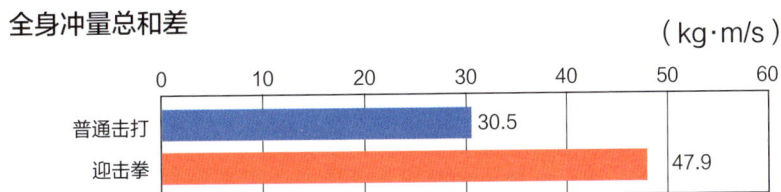

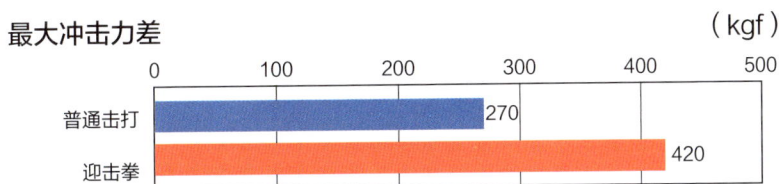

速度差　（m/s）

	普通击打	迎击拳
拳头	7.2	9.2
前臂	6.5	8.5
上臂	3.8	5.8
躯干	2.4	4.4

■ 普通击打　■ 迎击拳

动量差　（kg·m/s）

	普通击打	迎击拳
拳头	4.6	5.9
前臂	7	9.1
上臂	7.1	10.9
躯干	11.8	22

■ 普通击打　■ 迎击拳

全身冲量总和差　（kg·m/s）

普通击打	30.5
迎击拳	47.9

最大冲击力差　（kgf）

普通击打	270
迎击拳	420

⬆从以上数据统计结果来看，迎击拳的速度、动量、全身冲量总和、最大冲击力均大于普通击打，此外，上步击打的速度越快，迎击拳的威力越大

※ 表格中拳头、前臂、上臂的质量是由体重推测得出的。
※ 由于身体的质量和速度会随着击打招式的变化而改变，所以这里使用的是理论上的推测数据。
※ 迎击拳的最大冲击力 420kgf 这个数据结果是根据冲量总和的测试结果推算得出的。

27

为什么说"右勾拳在实战中很难发挥作用，所以不要轻易乱用"

　　和直拳不同，上勾拳也好，平勾拳也罢，在击打的时候，只要对击打距离的判断有丝毫误差，就可能打空。特别是右勾拳，如果成功击中，则威力巨大。但是因为距离对方较远，再加上出拳时动作幅度过大，所以很容易被对方看穿。用右勾拳击打对方躯干上部的时候会重心下沉、身体前倾，动作幅度比击打头部的右勾拳还要大，对方很容易用左肘把拳挡住。

　　另外，**出右勾拳击打对方躯干上部的时候，需要先放平右臂再挥拳打向对方，因此在放平右臂的瞬间面门是没有手臂保护的，所以很容易被对方抓住这个空当塞进来一记迎击拳**。近身缠斗或者短勾拳连击在这里暂且不谈，在实战或者比赛中，要想冷不防地跳到对手身前使出右勾拳击倒对方实际上是相当难的（图2-20）。

　　曾经活跃在 K-1（搏击比赛）赛场上的美国老将麦尼·摩（Mighty Mo）就是用被称为"萨摩亚勾拳（Samoa Hook）"的右手长勾拳击倒韩国巨人崔洪万的，而麦尼的右勾拳也因此成了他的成名绝招。

　　那么麦尼的勾拳为什么能屡建奇功呢？

　　如果我们将麦尼用右勾拳击打对手的视频放慢观察就会发现，麦尼在出右勾拳击打对手的时候，虽然左脚会向左前方大踏步迈进一步，可是他的右拳仍停留在原来的位置。而通常情况下，出右勾拳击打的时候，右手会配合左脚上步而放平并准备出击，所以左脚上步、右拳放平也就成了右勾拳的预备动作。

　　在比赛中，对手见到麦尼向自己的右前方上步，但麦尼的右手依然保持原位，既没有放平，也没有打来。对手稍微放松了警惕，可紧接着麦尼的右勾拳就突然向着对手的脑袋飞去。由于瞬间的反应迟钝，当麦尼的重拳迎面打来的时候，对手已经来不及做出迎击或者防守动作了。像萨摩亚勾拳这种极富个人风格的招法恐怕只有麦尼这样非常有个性的顶级拳手才能够运用自如吧。

图 2-20　右勾拳的劣势

⬆ 用右勾拳击打对方头部的时候，右手是自右侧向着对方头部打过去，所以，这时被击打者的面门是处于无防备状态的

⬆ 击打对方身体的右勾拳不但很容易被对方用胳膊肘挡住，而且如果摆臂幅度过大，还很容易吃上对方的一记迎击拳

和拳击的直拳不同，空手道的冲拳出拳时为什么双臂要夹肋

　　空手道的冲拳其实和拳击的直拳动作基本上相同，但二者在其他方面的诸多差异决定了在比赛或者实战中，空手道在出拳击打时双臂一定要夹肋。

　　第一，二者的实战架式和拧腕冲拳的方法不同。在拳击的架式中，拳头是放在下巴旁边的；而在空手道的架式中，拳头是放在腰间的（流派不同，拳头放在腰间的高度也不同）。在空手道的架式中，拳头放在腰间的时候拳背是朝下的，在出拳击打的瞬间，扭转手臂，拳背朝上。各位读者摆出空手道的架式演练一下就会发现，出拳时如果不双臂夹肋，扭转的手臂就会带动肩膀及手肘向上架起来，导致拳头无法正面击中目标。

　　第二，拳击的直拳和空手道的冲拳在击中目标的瞬间身体姿势不同。二者都要借助扭腰转体来增加拳头的击打威力，但拳击的直拳打出之后，肩膀是大幅度向前送出去的，而空手道的冲拳打出去之后则是躯干正对着前方。因为空手道的冲拳拳头是放在腰间的，有足够的击打距离，所以肩膀不必大幅度向前推送（图2-21）。

　　空手道冲拳击打的最后一段动作和俯卧撑撑臂时的动作基本相同。但是我们在做俯卧撑的时候，如果和空手道的实战架式一样手背向后的话，就会发现在撑起身体的后半段中双臂根本使不出力气。所以空手道的冲拳在击打的最后一段要通过扭转手臂使拳背朝上，这样做除了可以使手臂伸展以增加击打威力之外，还能够抵抗来自击打目标的反作用力。

　　那么，为什么拧腕冲拳更容易发力呢？因为拧腕冲拳时上臂的肱骨也会随之一起转动，而推动肱骨前压的正是胸大肌肌群，双臂夹肋能够使胸大肌肌群释放更大的力量，从而增加拧腕冲拳的击打威力。

图 2-21 拳击的直拳与空手道的冲拳的差异

⬆拳击的直拳是将下巴附近的拳头通过扭腰转体和向前送肩打出去的。拳头打出去之后，肩膀是向前送出的

⬆空手道也是将腰间的拳通过扭腰转体打出去，不同的是，身体转到正对着对方时就停止了

肘击为什么威力巨大

威力巨大的"肘击"作为泰拳中的著名招式，在终盘比赛中会被很多选手频繁使用以求反败为胜。然而在 K-1 或者极真空手道的比赛中，肘击则是被严格禁止的。原因在于肘击威力过于强大，很容易使对手头破血流，这种过于残酷的击打效果很难被竞技型格斗术比赛认可。

肘击就是用肘，确切地说是用前臂尺骨与肱骨连接处最粗壮、最结实的部位去击打目标（图 2-22）。肘部比掌根硬度大，击打速度更快。我所做的测试结果显示，**肘击的速度和后手直拳相等，有时甚至能超过后手直拳**。但是对于直拳来说，灵活的手腕关节会成为不稳定的缓冲层，导致直拳冲击力下降，而肘击则可以将手臂全部的动量转化成冲击力作用给击打目标，所以肘击的冲击力远大于直拳。

此外，肘击还有灵活多变的击打方法。比如，位于对方侧面时可以横起胳膊用肘尖直戳对方，日语中将其称为"铁炮肘"，还有用手肘自下而上挑打对方下巴的挑肘；用手肘横扫对方的面门或者身体的扫肘；将扫肘的击打轨迹稍做变化，先上提肘部然后自上而下劈向对方头部两侧的劈肘；当对方欺身抱摔的时候，将肘部竖起，自上而下垂直砸向对方后脑的砸肘，等等（图 2-23）。

当坚硬的肘部砸在面门（头部）的时候，面部的皮肤、肌肉以及血管等都会瞬间受到肘关节和颅骨的挤压，**就像用石锤用力砸放在石头台子上的肉一样**。特别是肘尖剐蹭过脸，会瞬间将皮肤割裂开来，有时甚至会因劈断颧颥周围密布的血管（颞浅动脉）导致选手大出血而不得不中止比赛，紧急就医。

另外，在中国传统武术的实战打法中，还有很多见招拆招、灵活巧妙的肘法，比如当对方抓住自己的手腕打算施以擒拿或者反关节技法的时候，可以随着对方回带抓拿的力量迅速上步欺身，并借助身体前冲的力量像铁炮肘一样横起胳膊用肘尖猛戳对方的肋腹部。

图 2-22　肘关节的构造

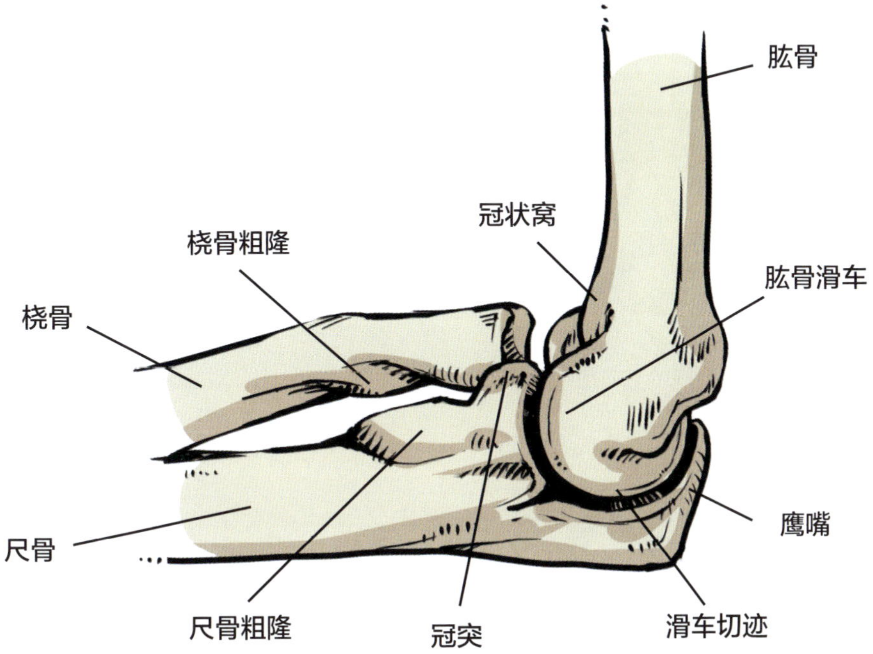

图 2-23　与空手道有颇多共通之处的泰拳有着多变的肘法

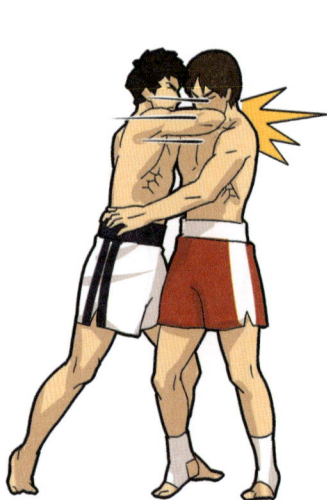

⬆用扫肘正面横扫对方的头部或者躯干

⬆越过对方的防御手，用劈肘自上而下劈击对方的头部

⬆用挑肘自下而上挑打对方的下巴

⬆用砸肘自上而下垂直砸击

第3章 腿法的科学

30

踢出强力的回旋踢时
为什么双臂要向相反的方向摆动

这个问题解释起来有点复杂，所以首先为各位读者介绍一下"**角动量**"这个概念。简单来说，角动量相当于物体在旋转时所具有的惯性力。质量越大、离旋转轴的距离越远、围绕旋转轴旋转的速度越大，物体的角动量就越大。只要没有外力或者来自外界的力矩作用在该物体上，其角动量会一直保持不变（这称为**角动量守恒定律**）。

我们可以通过一个简单的实验来验证这个问题。坐在转椅上面，双脚离地，然后试着向左或向右大幅度摆动双臂，我们会发现双脚以及转椅会向与双臂的相反方向转动（图3-1）。当我们坐在转椅上保持不动的时候角动量为0。当双手向右摆臂的时候，一个向右旋转的角动量就产生了，但此时转椅没有被施加来自外界的力矩，所以整体的角动量会保持不变（为0），即双臂右摆的时候，双脚以及转椅就会向左转动以抵消双臂右摆产生的向右旋转的角动量。

同样，当我们出右回旋踢的时候，右脚以及上半身会以左腿（支撑腿）为轴向左旋转，而在踢击的过程中，左脚处于前脚掌着地、脚跟踮起的状态，因为仅凭前脚掌是无法紧抓地面并转动全身的，所以此时来自外部的力矩近似为0。这样就跟坐在转椅上一样，虽然右脚以及上半身会有一个向左旋转的角动量，但全身整体的角动量却是恒定不变的。

此时如果双臂一起向右摆，不仅会抵消右脚和上半身的向左旋转的角动量，还能加快右脚和上半身向左旋转的速度。因此，摆臂时双臂伸展的幅度越大（双手和旋转轴之间的距离增大）、摆臂的速度越快，回旋踢产生的威力就越大（图3-2）。从纯理论的角度而言，其实只要将右臂伸展开来并向右摆动，就足以抵消右脚和上半身向左旋转产生的角动量，但是从实战角度来讲，随着右臂一起向右摆动的左臂能够挡住下巴及头部左侧，而左手恰好能挡在下巴前面以避免出腿攻击的时候面门露出空当。

图 3-1　关于角动量的实验

↺坐在转椅上,双手向左或向右摆臂,双脚和转椅则会向与双臂相反的方向转动

图 3-2　在实战中运用角动量原理

↑→全接触空手道的回旋踢和泰拳的胫扫在全力出腿踢击的时候,手臂都会向着和踢腿方向相反的方向摆去

31 为什么经常能看到
右直拳接右回旋踢的组合打法

这个其实也跟 Q30 一节中提到的角动量守恒定律有关，具体来说，右直拳接右回旋踢这套组合打法是利用了"某个物体如果开始向一个方向旋转，就会具有向该方向继续旋转下去的惯性力"这个原理。原地出右直拳，是上身左转推动右臂向前伸展并击打目标，虽然击打目标的右臂位于旋转轴（垂直于腰部横截面的身体中心线）的右侧，不过从物理角度来看，上身是沿着这根旋转轴向左转的。

在出右直拳击打的时候，如果左脚向前迈一步且着地点偏左，那么着地的左脚就成了旋转轴。随着左脚上前踏步，全身向前的惯性力也会随之带有一个向左旋转的角动量。此时如果我们借助这个角动量，以左脚为旋转轴，将右脚抡向目标，自然就能踢出一记顺畅的右回旋踢（图 3-3）。

不仅是右直拳，像右手长勾拳、右贯拳（用右拳根部横扫贯击对方的头部侧面）这类弧线形抡摆击打，都能够为身体提供更大的向左旋转的角动量，从而可以衔接一个威力更强的右回旋踢。

同理，左回旋踢或者左手长勾拳接右转身后摆腿的组合在实战中也是非常有用的（图 3-4）。需要注意的是，左脚上步之后要落在身体右侧。另外，在转身后摆腿击中目标之前的那段时间自己是背朝对方的，为了降低背朝对方时受到攻击的可能性，要尽量缩短背后对敌的时间。就像花样滑冰选手一样，在旋转的时候通过收拢手脚来提高旋转的速度，所以我们还可以利用这个方法在出转身后摆腿的时候通过收拢双手来加快转身速度。

我曾经在一次空手道比赛中，见到过有人连续踢出去四个左回旋踢之后马上接了一个右转身后摆腿的连击。因为左回旋踢和右转身后摆腿的旋转方向相同，所以在实战中二者可以很自然地无缝对接。

图 3-3　右直拳接右回旋踢俯视图

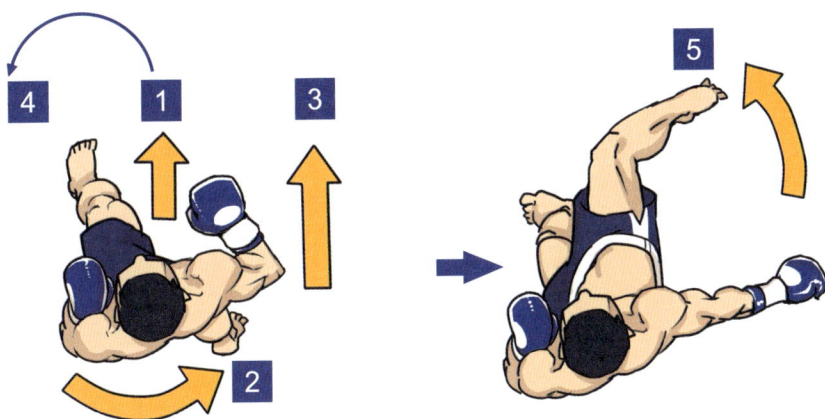

↑该图为出右直拳时的俯视图。从图中不难看出，迈步上前的左脚 1 、向左扭转的上身 2 、向前打出去的右直拳 3 三者都带有一个向左旋转的角动量 4

↑该图为出右回旋踢时的俯视图。从图中可以看出，向左旋转的角动量 4 可以转化为右回旋踢的旋转力 5

图 3-4　左回旋踢接右转身后摆腿俯视图

↑左回旋踢带有的向右旋转的角动量可以很顺畅地转化为右转身后摆腿

32

巴西蹴是一种什么样的腿法

巴西蹴又称变线踢，属于高踢腿的一种高级变化，所以在讨论巴西蹴之前，我们先看一下普通的高踢腿[①]。高踢腿的击打目标是离双脚最远、离地面最高的头部，所以要想让腿踢到这个高度并且命中目标，支撑腿和踢击腿之间展开（髋关节外展）的角度一定要达到 180° 左右（图 3-5）。而巴西蹴除了跟高踢腿一样需要髋关节有良好的柔韧性之外，还需要髋关节内旋来配合起腿踢击。髋关节内旋是指双膝跪地，臀部坐在两脚之间时，髋关节向大腿内侧转动。起高踢腿踢击的时候，起腿的高度与髋骨差不多平齐，因此高踢腿的难度要大于双腿展开角度相对较小的中踢腿（middle kick）和低踢腿（low kick），而且随着踢击的高度不断增加，踢击产生的冲击力会不断下降，但是因为踢击的目标是脆弱的头部，所以高踢腿依然有非常显著的实战效果。

初学者的高踢腿攻击轨迹都是踢击脚自下而上直奔对方头部的，因此，对方如果能够及时抬起前臂护头，就很容易使高踢腿的击打力点发生偏斜并降低击打威力。所以在比赛或者实战中，只要体力充沛、精力集中，初学者的高踢腿其实并不难应付。而越是擅长高踢腿的高手，踢击的角度越接近于横扫，甚至有些人的腿是从上方斜劈下来的。他们会先将膝盖高举，然后使髋关节内旋，带动小腿自上而下、由外而内画一道圆弧斜劈向对方的脑袋，高踢腿到了这个程度就进化成了巴西蹴（图 3-6）。

下面我们来看一看髋关节内旋对于巴西蹴的重要意义。首先把右膝抬高至水平高度以上，然后保持胫骨朝着正下方（膝盖朝上、脚踝朝下）。此时，如果小腿向上弹出去踢向对方，那么这就是正（前）踢腿，反之，如果髋关节内旋，小腿随之横摆，然后伸展小腿弹踢出去，这就成了回旋踢、胫扫或者横踢。如果我

---

① 译者注：此处的高踢腿是空手道中的上段回旋踢、散打中的高鞭腿、泰拳中的高胫扫以及跆拳道中的上段横踢等弧形腿法的统称。

们进一步**将髋关节向内扭转，使髋关节内旋的角度增大到小腿朝上（脚踝朝上、膝盖朝下）的程度，然后伸展小腿踢向目标，这就成了巴西踢。**原理说起来很简单，但是实际上除了需要支撑腿、腰部（骨盆）等身体各部分共同配合、协调发力之外，**髋关节也要具备超常的柔韧性，**否则这招是难以完成的。

练习极真空手道出身的格斗选手古拉贝·菲托撒（Glaube Feitosa）就凭借其"战栗的巴西踢"的威名驰骋 K-1 赛场，菲托撒的巴西踢角度刁钻，其小腿能够越过对手抱头防御的双手，几乎从对方头顶正上方竖着劈下来，面对菲托撒的巴西踢，普通的抱头防守形同虚设。

图 3-5　普通的右高踢腿

⬆膝盖高抬，通过髋关节内旋带动小腿以弧形轨迹踢向对方头部

图 3-6　右腿巴西蹴

🔼膝盖高抬，髋关节内旋，使小腿及脚踝朝上、膝盖朝下，然后伸展小腿，自上而下劈向对方的头部。因为巴西蹴和高踢腿进攻轨迹的前半部分基本相同，二者在实战中混合使用可以令对手难以预测、防不胜防

33

为什么膝撞具有如此巨大的威力，如何才能最大限度地发挥出膝撞的威力

用膝盖击打或者撞击对方身体的技法也称膝撞，膝撞的方法有很多种。和肘部一样，膝盖也属于硬度较高的身体部位，因此我们可以把全身的力量集中在坚硬的膝盖上撞向对方。杀伤力最大的膝法莫过于带着全身力量撞向对方面门等要害的飞膝了，飞膝相当于用人体体积最大、密度最高的大腿骨的末端也就是膝盖像长枪一样戳向对手。

由于是将全身的惯性力通过坚硬的膝盖全部施加给对方，因此其产生的瞬间最大冲击力和冲量都非常大。泽村忠的"真空飞膝"和活跃于K-1赛场上的雷米·邦加斯基（Remy Bonjasky）的"飞翔膝撞"都是格斗史上的名招。

实际上，仅凭突然间的顶胯送腰来推动大腿骨和膝盖戳击对方，其威力与跳起来用膝盖撞击对方相比也是不相上下的。需要注意的是，起膝击打时，膝盖与大腿要尽量折叠，小腿与大腿尽量贴合并保持平行，这样可以显著提高膝撞的冲击力（图3-7）。

另一种膝撞是用双手箍住对方脖子（日语中称其为"首相扑"），使其上身前倾，然后用膝盖向上撞击对方。不过因为大腿骨的朝向与膝盖撞击的方向并不一致，所以无法用大腿骨去戳击对方身体，取而代之的是用小腿（包括脚）自下而上戳向对方。此时，要及时根据敌我双方的位置适当调整膝盖弯曲的角度，这样才能让小腿像长枪一样戳向对方，把小腿以及膝盖产生的动量全部作用到对方身体上。否则，膝盖戳击就变成了膝盖叩打，击打威力会大打折扣。此外，在双方缠抱的时候，如果用膝自外而内去撞击对方肋部，也要注意根据敌我双方位置适当调整膝盖的角度和髋关节内旋的幅度，尽量保证用小腿戳击对方身体。

图 3-7 膝撞的两种方式

◐ 对方右拳打来，我们可以边向左闪身边用右手压住对方脖子后面猛然下按，同时提膝撞击对方头部，以增强击打的威力

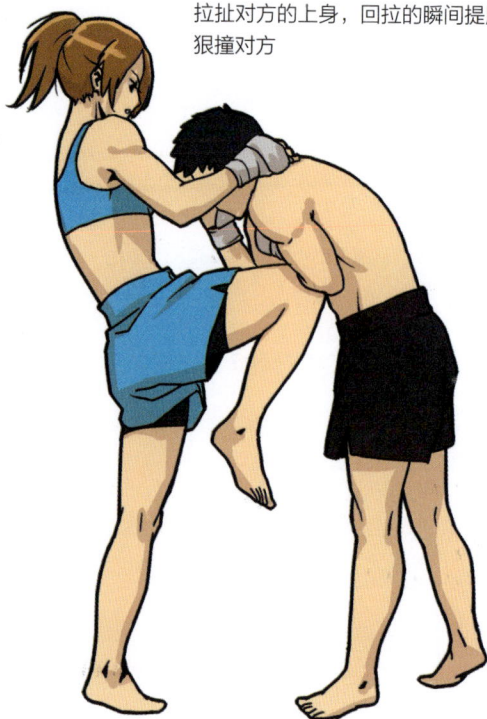

◐ 双臂夹紧对方脖颈与头部，往回拉扯对方的上身，回拉的瞬间提膝狠撞对方

34 **"用回旋踢踢击目标的时候要想象腿是从胸前踢出去的"，这句话是什么意思**

关于这一点，Q68 也会有详细解说。如前文所述，出拳依靠的不仅是手臂伸展的力量，而是通过扭腰转体带动肩膀向前高速推进，再由肩膀推动手臂伸展打向目标的。同样，在回旋踢中，踢击腿的髋关节相当于出拳时的肩膀。踢腿时，骨盆以支撑腿的髋关节为圆心旋转，带动踢击腿的髋关节向着目标移动，随后由踢击腿的髋关节带动踢击腿抡向击打目标（图 3-8）。没有骨盆带动的踢击跟没有肩膀推动的出拳一样，是没有威力的。所以我们如果能够加大支撑腿髋关节外展的幅度，就能够使踢击腿的髋关节释放出更大的击打威力。

举个例子，当我们抡动双节棍的时候，双节棍击打的威力是来源于持握手的，所以持握手相当于回旋踢中抡动踢击腿的髋关节。不同之处在于，踢击腿的膝关节也能够伸展并产生一定的击打威力，而连接双节棍的梢节和根节的绳索以及绳索连接处附近的棍身并不产生击打力，而且也几乎完全没有击打威力。所以说，如果髋关节和膝关节伸展发力的时机配合得恰到好处，踢击腿能够产生比双节棍还要大的威力。

回旋踢踢击不仅要靠双腿的肌群发力，还需要用一端连接腰椎和骨盆、一端连接大腿骨的髂肌配合双腿肌群共同收缩发力来调动大腿骨迅速上提。此外，在出腿踢击的时候，连接肋骨和骨盆的腹部肌群（腹直肌、腹外斜肌、腹内斜肌）和背部肌群协调配合，才能够一边调动骨盆以支撑腿为轴进行旋转，一边稳定住身体平衡来保证击打效果。也就是说，在用回旋踢踢击时，胸部以下的肌群基本都要参与进去，协同发力（图 3-9）。所以，如果想最大限度地调动骨盆协助发力踢击，踢击腿的髋关节和胸部要保持在同一条水平线上。

综上所述，"用回旋踢踢击目标的时候要想象腿是从胸前踢出去的"，这样可以最大限度地调动骨盆参与发力，使踢击的威力倍增。

图 3-8　回旋踢

➔用回旋踢踢击目标的时候，踢击腿的髋关节起到的作用至关重要

图 3-9　与回旋踢相关的腰腹部、髋部肌肉

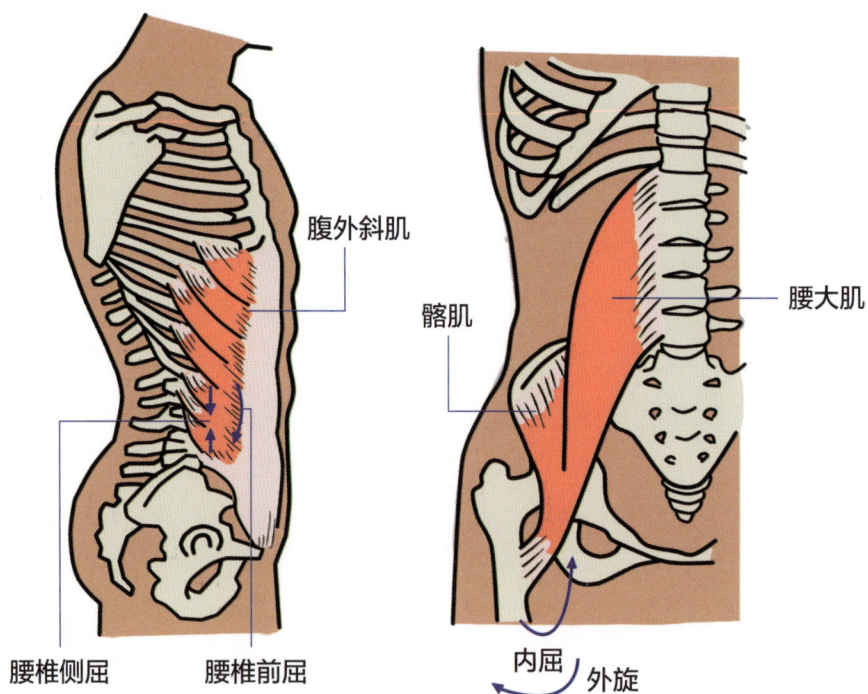

腹外斜肌

腰椎侧屈　　腰椎前屈

髂肌

腰大肌

内屈　外旋

35

已故的空手道选手安迪·哈格擅长的踵落实战效果如何

"踵落"是将腿完全伸展并举过头顶，然后大力劈向对手的一种腿法，也被称为"斧式下劈腿"。因为是用坚硬的脚后跟自上而下大力劈向对方头部，所以踵落产生的冲击力是非常大的。即便没有劈中头部，劈到锁骨上也会给对方造成不小的伤害。

在击打点和击打方法上与踵落非常相似的手部技法是高举手臂大力劈下的正面手刀。不过因为其预备动作幅度较大，即便初学者也能够轻易应付。针对对方的正面右手刀，可以用右手向斜上方 45° 格挡，同时左脚向左前方迈步，这样就能够一边通过手臂的向上格挡令对方的手刀偏离攻击轨迹，一边斜上步绕到对方身后去。

速度较快的手刀尚且如此，更不要说动作幅度比正面手刀大得多的踵落了。相较于手刀，对方更容易识破踵落并及时防御或者反击。在实战中灵活运用踵落以克敌制胜需要一定的诀窍和技巧。踵落表面上看起来是将腿抬高再下落的往复循环动作，其攻击轨迹是一去一回的半圆形，不过在空手道选手安迪·哈格（Andy Hug）的腿下，这招的攻击轨迹变成了纵长横扁的椭圆形。比如说，出右腿踵落的时候，安迪会将右脚向左高举，然后令劈击脚自上而下沿着纵长横扁的椭圆形轨迹向右劈去（实战中会根据情况调整劈击的方向）。

安迪的踵落击打轨迹与转身后摆腿的后半段和中国武术中的"摆脚"的踢法很像。中国武术中的摆脚也是利用脚后跟或者脚外侧去劈击对方的面门，由于其特殊的踢击轨迹，摆脚虽然动作幅度大，却不容易被对手察觉。此外，踵落在实战中还可以根据实际情况进行变化，比如抬腿的时候故意弯曲膝盖，让对方判断失误，然后乘其不备突然伸展小腿变招为踵落劈向对方的头部或者面门（图 3-10）。

在比赛或者实战中，踵落作为一种出人意料的奇袭是非常有效的，但对敌时如果频繁使用，恐怕很快就会被对方识破并施以反击。而赛场上的安迪之所以会频频使出令人眼花缭乱的踵落攻击，恐怕更多的是为了吸引观众的眼球吧。

图 3-10   踵落的高级用法

自内向外举腿过头

像转身后摆腿后半段一样自上
而下将腿劈向对方头部

⬆中国武术中的摆脚与踵落的技法近似，不过因为其攻击腿高举
过头之后并不在空中停顿，而是径直劈向对手，所以相对于举腿
过头—停顿—下劈的踵落，摆脚在能量转化方面更占优势

36 快出快收型高踢腿和横扫转体型高踢腿的威力有什么区别

在全接触空手道或者泰拳比赛中，选手使用的横扫转体型高踢腿（如胫扫）通常都是势大力沉的，这样的高踢腿如果被对方闪过，由于惯性使然，选手常常会随着踢击腿直接顺势转动一周。这种类型的高踢腿注重威力，起脚时，选手会最大限度地把全身力量集中在胫骨或者脚背上扫向对方。与之相反，传统空手道和少林寺拳法中的快出快收型高踢腿动作更小、更隐蔽，也更加注重速度。在踢击轨迹的后半段，腰和膝盖的位置几乎保持不动，仅仅靠膝关节突然伸展发力，令小腿瞬间弹出并推动前脚掌（此时脚趾要向脚背回钩）戳向目标，戳中目标之后迅速收回小腿。日本少林寺拳法也采取相同的踢法，目的都是为了防止踢击腿被对方抓住或者被施以反击（图3-11）。要知道，在生死相搏的时候，如果一条腿被对手抓住，基本上就等于宣告自己死刑了。

如果仅以冲击力大小作为判断标准，全接触空手道或者泰拳那种**充分扭腰转体带动小腿横扫向对手的踢法显然得分更高**。由于高踢腿的击打目标是对方头部，所以只要一击命中，就能产生足够的威力放倒对手。而使用小腿弹踢的方法，则是用击打面积相对较小的前脚掌去戳击目标，所以虽然**整体上踢击的冲击力较小，但是踢击产生的压力更加集中，压强更大，所以也能产生不俗的击打效果。**

在类似于寸止比赛这种禁止直接击打对方身体（特别是面门，只要击中，即便很轻，也是违反比赛规则的）的空手道比赛中，那种充分扭腰转体、调动全身力量扫向对方的踢法是没法在快要击中对方的时候突然收力止住的，因此根本没法在寸止比赛中使用。

那么，以上两种踢法在实战中哪种更加有利呢？抛开比赛规则不论，在传统空手道或者日本少林寺拳法中，踢裆插眼自不必说，抓拿摔投也是家常便饭，因此传统空手道以及日本少林寺拳法衍生发展出来的技法都是以上述情况为前提的。与此相比，在全接触空手道或者泰拳比赛中，这类技法都是违反规则的，在比赛中是严格禁止使用的。所以即使传统空手道或者少林寺拳法的修习者在跟全接触空手道选手的比赛中落了下风，也不能说传统空手道或者少林寺拳法实战能力不行，毕竟规则不同、打斗环境不同。举个极端点的例子，全接触空手道比赛的冠军上了寸止比赛的擂台也一样讨不到丝毫便宜。综上所述，因为各自的规则和战斗环境不同，所以快出快收型高踢腿和横扫转体型高踢腿实际上是没有优劣高下之分的。

图 3-11　快出快收型高踢腿和横扫转体型高踢腿的不同

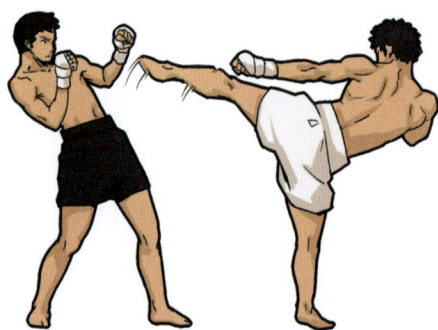

⟲ 全接触空手道和泰拳中的横扫转体型高踢腿一旦被对方闪开，选手常常会随着踢击腿顺势转动一周

⟲ 少林寺拳法和传统空手道中的快出快收型高踢腿是利用膝关节的快速开合推动前脚掌戳击对方身体的

37

传统空手道的前踢与泰拳的刺蹬有什么不同

传统空手道和日本少林寺拳法中的前踢是利用膝盖快速展开来推动前脚掌（此时脚趾要向脚背回钩）戳击对方身体的一种腿法。出腿时，先将膝盖上举，攻击目标（裆部、膻中穴、面门）的位置越高，膝盖上举的高度随之越高。不过反过来，对手也能够通过膝盖上抬的高度预判出我们的攻击目标，所以我们还可以将计就计，比如故意将右膝抬得很高，让对方误以为我们的攻击目标是面门，然后抓住对方头部向左躲闪的瞬间，右腿大腿突然内旋，将前踢变为右回旋踢，踢击对方的颞颥。

在这种类型的前踢（我们暂且称其为Ⅰ型正踢腿）中，**攻击脚是以膝关节为圆心，沿圆形轨迹自下而上踢向目标的**。因此，对方可以很简单地后仰上身来躲闪，即便已被踢中，也能够通过后仰上身大幅降低击打效果（图3-12）。

不过Ⅰ型正踢腿最大的优势是速度快，所以非常适合用来踢击裆部（用脚背击打）这种无法通过上身后仰进行躲闪的部位。还可以在对方出拳的瞬间，利用腿的长度优势，出腿反踢对方前倾的身体。此外，传统空手道中还有趁对方出拳打来的瞬间擒拿对方出拳手臂的技法，利用该技法抓拿并拧转对方手臂的关节使其身体前倾，然后使出前踢踢向对方毫无防备的面门，这种擒拿手法配合踢法的组合攻击往往能收到意想不到的效果。日本少林寺拳法中也有以反关节技法配合前踢的组合攻击，通过反拧对方的手腕使其上身前倾、面部朝下，顺势起脚用前踢踢击对方的膻中穴。

在仅仅允许使用基本击打类技法的泰拳比赛中，如上文所述，像前踢这种踢法很容易被对手闪开，所以选手普遍认为Ⅰ型正踢腿在比赛中效果不佳。甚至还有人提出，如果对方用手肘防御的话，向脚背回钩的脚趾很容易误中对方的胳膊肘而导致脚趾挫伤甚至趾骨断裂。基于以上种种考量，Ⅰ型正踢腿在泰拳比赛中基本没人使用。

图 3-12　前踢的用法

⬆ 传统空手道的前踢是利用膝盖快速伸展推动前脚掌戳击对方身体，对方很容易后仰上身来闪避

分析完传统空手道的前踢，我们再来看看泰拳的刺蹬（为了方便比较，我暂且称其为Ⅱ型正踢腿）。用泰拳的刺蹬踢击对手的时候，**先高提膝盖，然后向前送胯，推动脚掌狠蹬对方**。注意，刺蹬使用的不是前脚掌，而是整个脚底板（图3-13）。当对方出拳击打或者出腿扫踢的时候，我们可以用这种踢法蹬开对方，从而始终保持一个于己有利的攻击距离。

例如，身高超过2米的K-1重量级冠军萨米·西尔特（Semmy Schilt）在比赛中就经常用刺蹬拉开自己和对手之间的距离。每当对方打算上步近身发动进攻时，西尔特就会用刺蹬将对方蹬出去。西尔特的刺蹬异常精准，以至于对手很难迅速近他的身并施以有效打击。这种刺蹬力道"沉重"，如果被频繁蹬中，体内损伤会逐渐积少成多并最终爆发。此外，在日本踢拳盛行的时代，日本的顶级踢拳选手曾经被泰拳选手使用刺蹬踢中面门而嘴唇开裂。刺蹬虽然属于防守型技术，但有时候能够产生超乎想象的杀伤力。

我曾经测定过大学生一流格斗选手正踢腿产生的冲击力（瞬间最大冲击力和

图3-13 刺蹬的用法

↑ 泰拳的刺蹬是提膝后突然将对方向后狠蹬出去

冲量），他们分别来自四种不同类型的格斗术流派，我们可以通过测定结果比较出不同类型正踢腿的威力差异。因为中国拳法中的踢法非常独特，所以我选择了与正踢腿相似度最高的踢法进行测试。作为比较数据，我还一并测试了他们横踢腿的力的大小，为了方便测试和进行数据比较，参加测试的选手统一使用的是全接触空手道的回旋踢或者泰拳胫扫。

整体来看，**Ⅰ型正踢腿和横踢腿产生的瞬间最大冲击力并没有什么明显的区别**。有三种格斗术的Ⅱ型正踢腿产生的冲量大于它们各自的Ⅰ型正踢腿，特别是空手道和踢拳，Ⅰ、Ⅱ型正踢腿威力的差距特别大。**空手道选手的Ⅱ型正踢腿是用包括脚跟在内的整个脚掌蹬向对方的，其最大瞬间冲击力比他们自己的Ⅰ型正踢腿大很多。踢拳选手的Ⅱ型正踢腿的瞬间最大冲击力虽然只有他们自己的Ⅰ型正踢腿的一半左右，但是其产生的冲量与空手道选手的Ⅱ型正踢腿基本相当**（表3-1、表3-2）。这个冲量如果作用到体重70kg左右的对手身上，可以让对方以2.5m/s的速度飞出去，在实战或者比赛中能够产生非常显著的击打效果。

表 3-1　不同格斗术的正踢腿和横踢腿瞬间最大冲击力比较

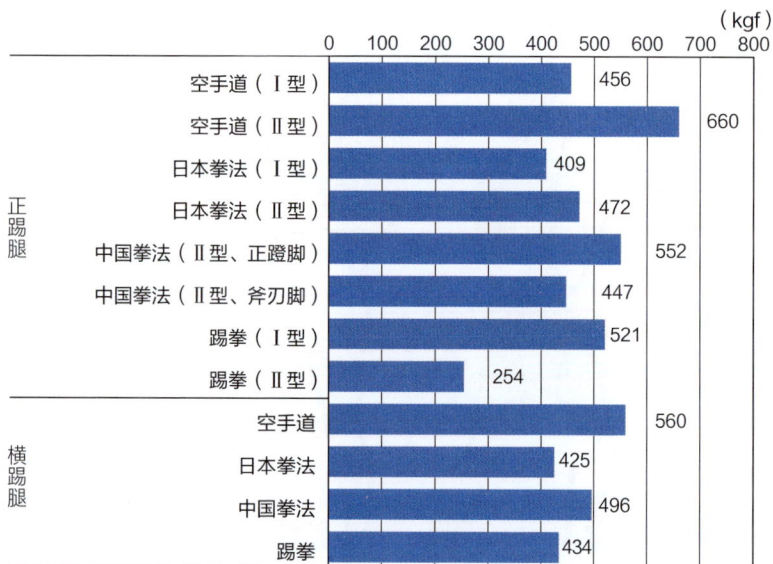

（kgf）

		冲击力
正踢腿	空手道（Ⅰ型）	456
	空手道（Ⅱ型）	660
	日本拳法（Ⅰ型）	409
	日本拳法（Ⅱ型）	472
	中国拳法（Ⅱ型、正蹬脚）	552
	中国拳法（Ⅱ型、斧刃脚）	447
	踢拳（Ⅰ型）	521
	踢拳（Ⅱ型）	254
横踢腿	空手道	560
	日本拳法	425
	中国拳法	496
	踢拳	434

空手道选手的Ⅱ型正踢腿的瞬间最大冲击力非常之大

表 3-2　不同格斗术的正踢腿和横踢腿冲量比较

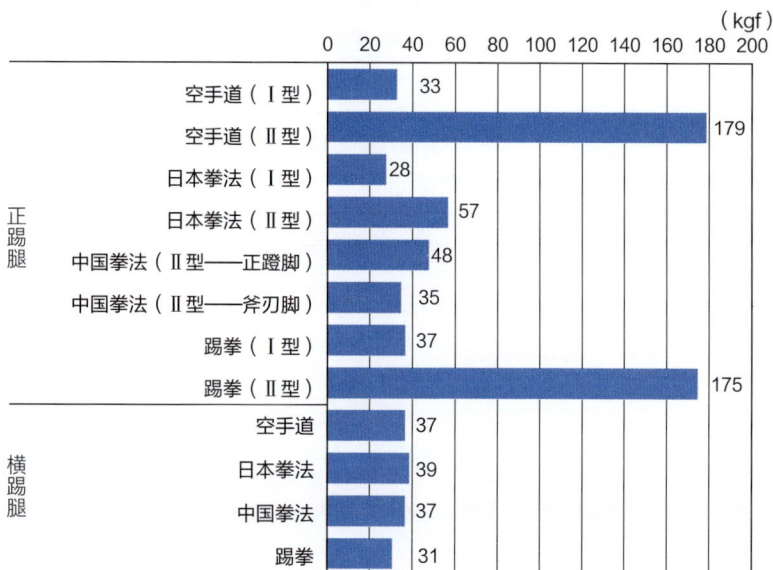

（kgf）

		冲量
正踢腿	空手道（Ⅰ型）	33
	空手道（Ⅱ型）	179
	日本拳法（Ⅰ型）	28
	日本拳法（Ⅱ型）	57
	中国拳法（Ⅱ型——正蹬脚）	48
	中国拳法（Ⅱ型——斧刃脚）	35
	踢拳（Ⅰ型）	37
	踢拳（Ⅱ型）	175
横踢腿	空手道	37
	日本拳法	39
	中国拳法	37
	踢拳	31

空手道选手的Ⅱ型正踢腿和踢拳选手的Ⅱ型正踢腿产生的冲量基本相当，都非常大

38

请多介绍一些关于泰拳箍颈膝撞的
细节和要领

　　泰拳的膝撞虽然威力巨大，甚至能导致对方内脏破裂，但却很容易通过后仰上身来闪避，所以泰拳手在实战中都会先用一只手控制住对方的后颈部，在起膝击打的同时将对方的身体压向飞起的膝盖，以增强击打效果（图 3-14）。**如果能够进一步用双手箍住对方颈部的话，对方不但难以逃脱，还会因为颈部被控而失去平衡、败象毕露**（图 3-15）。日语把用双手箍住并扭扯对方颈部的做法称为**"首相扑"**。

　　在撞击对方的同时，将对方身体拉向攻击者的膝盖，可以使攻击速度瞬间倍增。其原理就跟用迎击拳打向冲过来的对手一样。

　　泰拳手搂抱对方颈部时，通常会用双手箍住对方的后脑以及后颈部周围，双肘向内用力夹紧对方颈部两侧。擅长箍颈膝撞的高手还会把前臂架在对方的锁骨上，把锁骨当作杠杆的支点来撬动对方的颈部，使其向前弯曲。当颈部向前弯曲的时候，由于**颈部条件反射**的作用，**后背肌群难以发力使身体后仰，也就无法对抗向前拉扯的力量**（图 3-16）。

　　如果对手的颈部及背部肌肉极其发达，泰拳手会双脚突然前后分开，身体猛然下沉，将体重全部压在前脚上，这样就能**将自己全部体重瞬间作用到对方的颈部并借此猛地向下拉扯其颈部**（图 3-17）。K-1 赛场上，一代王者播求·班柴明（Buakaw Banchamek）当年就曾经凭借这招横扫一众豪强，多次摘得桂冠。我也曾经在集中训练的时候用这招让一起训练的黑带选手吃尽了苦头。

　　在泰国的拳馆里，泰拳手们为了增强箍颈膝撞这招所需的基础臂力，会用引体向上训练双臂，通常每组 10 次，共计 10 组。力量训练结束之后，就是两个人一组，双手箍住对方的颈部练习缠抱和扭摔，这种训练有时甚至会持续 30 分钟左右。在拳击比赛中，泰拳出身的选手之所以会在缠抱中占尽上风，很大程度上是因为经常进行这方面的训练。

图 3-14 膝撞的一般用法

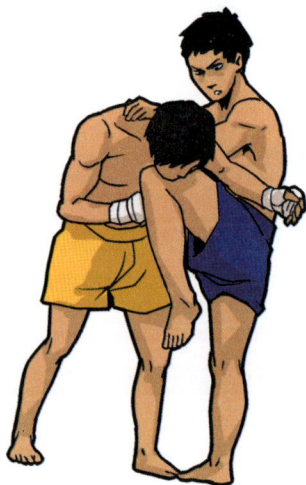

⬆为了不让对方逃脱掌控，在起膝击打对方的同时，要用同侧手将对方的身体压向飞起的膝盖

图 3-15 让膝撞产生迎击拳一样的击打效果

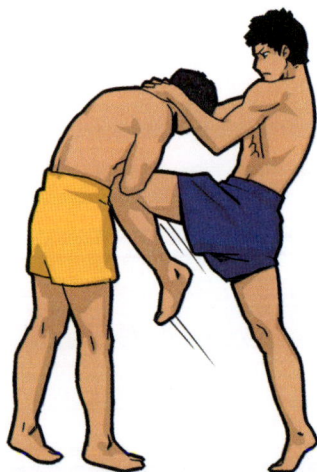

⬆双臂紧箍对方颈部并来回扭摔，破坏对方的身体平衡，然后抓住对方防御崩溃的瞬间，双手回拉配合提膝猛撞对方的身体，这样就能产生像迎击拳一样的击打效果，一击必杀

图 3-16 以锁骨为杠杆支点使对方颈部向前弯曲

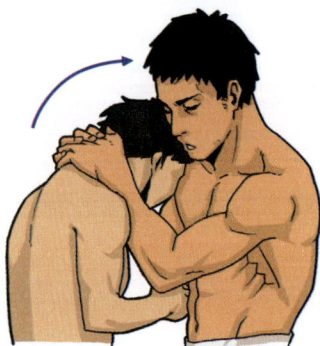

⬆高手不但会用双臂牢牢地夹住对方的颈部向后扯，为了增强击打和控制效果，还会以对方的锁骨为杠杆支点撬动对方的颈部，使其沿着图中箭头的方向向前弯曲

图 3-17 把体重施加到对方的颈部

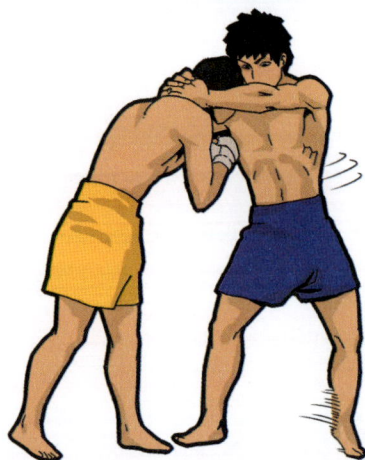

⬆双脚突然分开，身体下沉，利用体重拉扯对方的颈部并破坏其身体平衡，也可以利用后腿撤步带动身体突然旋转扭摔对方

39

有破解箍颈膝撞的好办法吗

　　首先要提醒各位读者，箍颈膝撞在 K-1 比赛中是禁止使用的。仅凭这一点就足以证明箍颈膝撞这招对泰拳选手之外的格斗选手来说是一种多么可怕的威胁了。但是，无论什么样的招法都会有克制办法，我在这里就与各位读者分享一下自己关于破解箍颈膝撞的心得。

　　首先当对方伸手箍抱我们头颈部的时候，我们可以用**肘部反击**（图 3-18）。如果是街头打斗的话，用头槌直接撞向对方的面门也不失为一个好办法。

　　假设肘击或者头槌未能奏效，而对方正好成功箍住了我们的头颈部，这个时候千万不要慌张，一定要沉着冷静，最糟糕的做法就是因为对马上就要到来的膝撞打击心生恐惧，迫切地想要挣脱对方缠抱的双臂而拼命地腰胯下坐、向后挣扎。为什么呢？因为在腰身下拉、向后挣扎的时候，上身就会自然前倾，这样不仅重心会变得不再稳定，还会给对方创造一个足够提膝发力的空间。所以，一旦头颈部被对方用双手箍住，我们**一定要立刻主动上前将身体与对方贴在一起，不给对方提膝击打创造空间**，这样对方就无法用这招了。

　　接下来对方为了创造足够的空间提膝击打我们，要不主动向后方撤步，要不就撤步并扭腰转体来抡开我们。这时候我们要一边努力保持身体和对方紧贴在一起，一边颈部向后用力、上身后仰，顶住对方的拉扯和扭摔，然后抓住时机，见缝插针地把自己的双手自下而上插入对方的双手之间（图 3-19）。

　　在使用箍颈膝撞的时候，双臂向内夹紧是为了防止被攻击者将双手插进来反客为主、施以反击，但是在双方互相较劲扭摔的过程中，双臂夹得再紧也会产生缝隙。一旦我们的双手成功插入对方的两手之间，就能以自己的手腕为支点，两肘外撑，解开对方对我们颈部的钳制，甚至可以**反过来箍住对方的颈部并还以膝撞**。

　　在没有规则的街头乱斗中，我们的脖颈被对方抓住之后，为了防止接下来遭到肘击或者膝撞，一定要马上贴近对方，然后用双手抱住对方的腰部，将对方整个人提起来施以抱摔，或者像柔道的"大内刈"一样，将一条腿插入对方两腿之间并回钩对方的同侧腿，摔倒对方。

图 3-18　用肘部反击箍抱

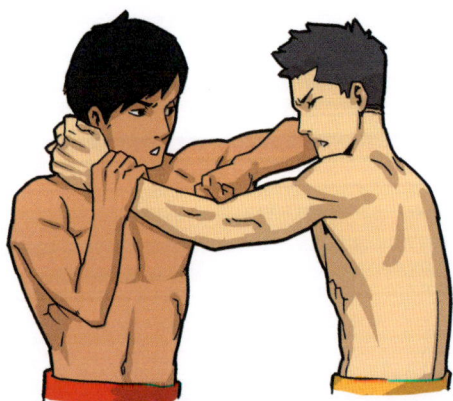

←当对方打算伸手箍抱我们的头颈部的时候，我们应立刻用肘部反击

图 3-19　被箍抱后的破解办法

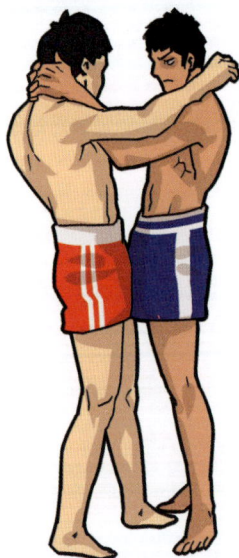

↑像右侧的选手一样，一边颈部向后用力、上身后仰，一边保持身体和对方紧贴在一起，这样对方就没有足够的空间提膝击打了，然后伺机将自己的双手插入对方的双手之间

↑如果能像右侧的选手一样贴近对方，那么对方的膝撞基本上就是徒劳的了

40 如果踢击腿的膝关节"紧急制动",可以使小腿的踢击更加迅猛吗

如果仅仅从力学角度来看,这个问题提得相当有深度,不过如果从解剖学的角度来看,人体的膝关节其实是不能紧急制动的。

各位读者可以做个实验,大家伸直膝关节,俯下身体,此时能感到大腿后侧的肌群(主要是股二头肌、半膜肌、半腱肌等)被拉得生疼。而大腿后侧肌群的主要功能就是控制小腿以膝关节为圆心向后弯曲,以及控制大腿以髋关节为圆心向后伸展(上身后仰 = 髋关节伸展)(图 3–20)。

比如,当我们用正踢腿踢击目标的时候,如果想让推动小腿向上弹踢的膝关节"紧急制动",就需要让大腿后侧肌群突然收缩,其结果就是,**由于膝关节突然向后弯曲,反倒会导致膝关节伸展的速度和小腿弹踢的速度双双下降**。

明白了以上道理之后,我们一起看看少林寺拳法中的正踢腿。少林寺拳法中的正踢腿是在膝关节呈直角的状态下,将大腿上抬至与地面平行的高度,之后稍一停顿,使大腿后侧肌群进入放松状态,然后突然收缩股四头肌、伸展膝关节,用小腿弹击对方的裆部或者膻中穴附近,当然也可以根据实战情况,变正踢腿为横踢腿,踢击对方的肋腹部。

不过对于以头部为攻击目标的高踢腿来说,踢击的迅猛程度显得更加重要。常见的踢法是起腿时膝关节完全屈曲、大小腿充分折叠,在即将踢中对方的时候稍做停顿,然后突然伸展膝关节,甩动脚背踢向目标。所以,这两种腿法都不是依靠膝关节"紧急制动"来为小腿的踢击突然加速的。

那么,为什么在我们踢击目标的时候,膝关节会有紧急制动的感觉呢?回答这个问题之前,我们先看一个物理现象。当我们准备从离岸很近的船上跳到岸上去的时候,船身由于受到反作用力而减速甚至停下来。同样,当股四头肌发力收缩,拉动弯曲的膝关节突然伸展时,虽然能够突然甩动小腿及脚背(相当于跳上岸的人)加速踢向目标,但此时大腿也会因反作用力而向相反的方向运动。所以,实际上**是小腿和脚背的突然加速令膝关节"紧急制动"的**(图 3–21)。

图 3-20　大腿后侧肌群的功能

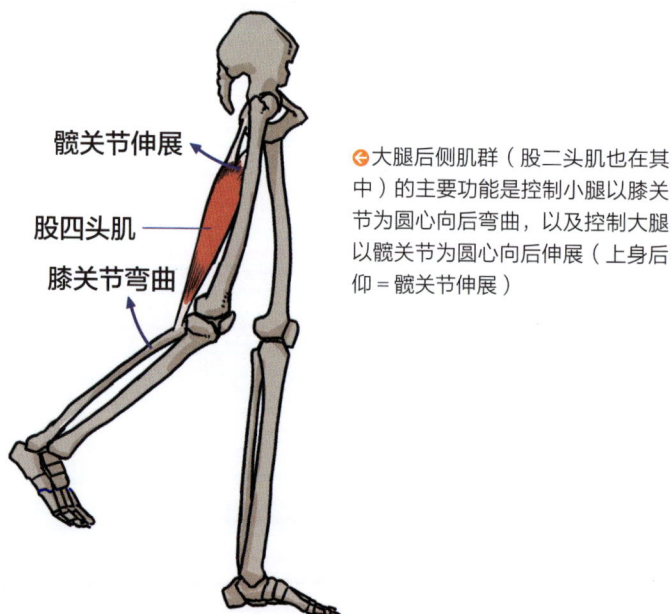

髋关节伸展

股四头肌

膝关节弯曲

◐大腿后侧肌群（股二头肌也在其中）的主要功能是控制小腿以膝关节为圆心向后弯曲，以及控制大腿以髋关节为圆心向后伸展（上身后仰＝髋关节伸展）

图 3-21　膝关节的"紧急制动"

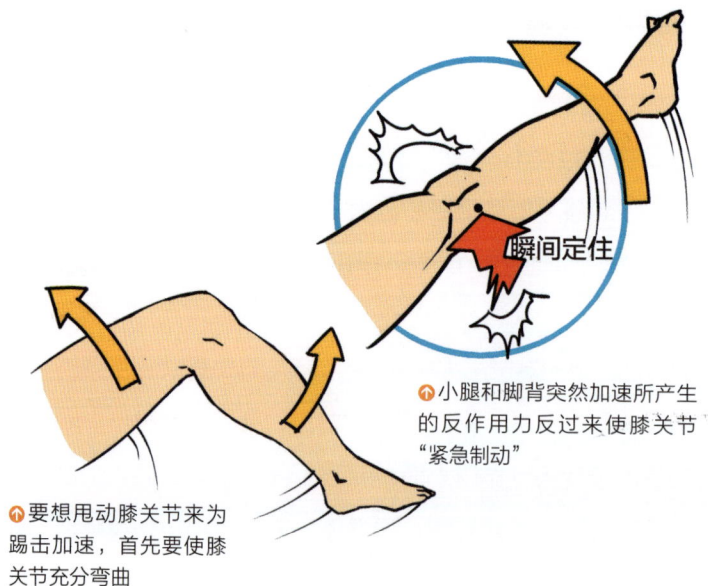

瞬间定住

⬆小腿和脚背突然加速所产生的反作用力反过来使膝关节"紧急制动"

⬆要想甩动膝关节来为踢击加速，首先要使膝关节充分弯曲

41

如此说来，难道就没有可以利用膝关节 "紧急制动"来为踢击部位加速的办法吗

有，当然有了。说到腿法，就不得不提泰拳的腿法以及名满天下的泰式胫扫，经过五百多年（一说为八百多年）漫长岁月的锤炼和打磨，泰拳发展出了许多非常符合力学原理的腿法，其中一个就是"膝腿双击"。

此招是因为在一次起脚踢击中可以用膝盖和小腿先后各攻击对方一次而得名。首先起左膝去撞击对方的左侧身体，注意，起膝的时候膝关节要处于半伸展的状态，这样大腿和腰产生的动量就可以作用到对方的身上，并对对方产生相当大的冲击力。由于膝关节处于半伸展状态，所以小腿的动量是无法传导至对方身上的，但小腿会因为惯性像正常的胫扫一样继续向着对方的身体扫去，踢击腿的膝关节因击中对方而"紧急制动"，为小腿及脚背瞬间加速，使其以更快的速度扫向对方身体（图 3-22）。

此时，为了使膝关节能够成功紧急制动，需要使控制膝关节开合和大腿骨前后屈伸的大腿后侧肌群进入松弛状态。而且，如果在膝关节发力伸展、带动小腿弹踢对方的瞬间，大腿后侧肌群能够继续保持松弛状态的话，小腿弹踢的速度就会更快，这样，小腿和脚背就会以更快的速度踢向对方。在实战中，如果对方用手肘挡住了撞向自己左侧肋腹部的第一下膝撞，我们正好可以借助对方的手肘让膝关节"紧急制动"，随后利用踢击腿的惯性突然伸展膝关节，将小腿猛甩出去，扫踢对方的右侧肋腹部，达到一踢双击的效果。

还有一种情况是，对方预判到我们将用膝撞，但他并没有用手肘防御，而是集中意念绷紧左侧肋腹部的肌肉硬生生抗住这第一击膝撞，那么，我们就可以用第二击扫腿扫踢对方毫无防备的右侧肋腹部。这种出其不意的击打往往能够给对手带来更加严重的伤害。泰拳之所以被评价为"最强的站立击打类格斗术"，一个重要原因就是，经过了几百年漫长岁月的锤炼和打磨之后，泰拳发展出了很多类似于膝腿双击这样极具科学性和合理性的招法。

图 3-22　膝腿双击的用法

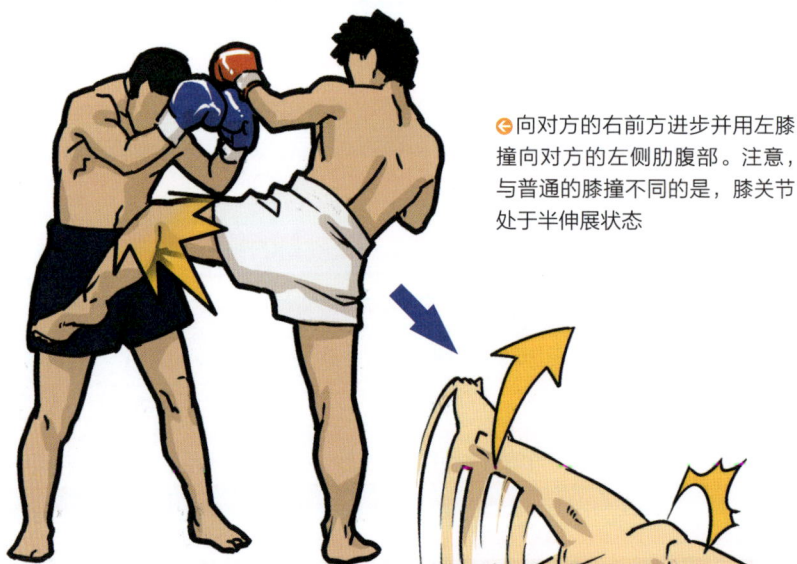

向对方的右前方进步并用左膝撞向对方的左侧肋腹部。注意，与普通的膝撞不同的是，膝关节处于半伸展状态

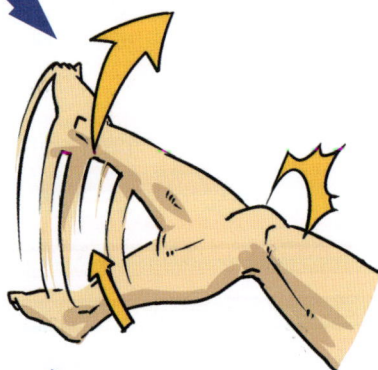

以膝关节为圆心，突然将小腿弹踢出去

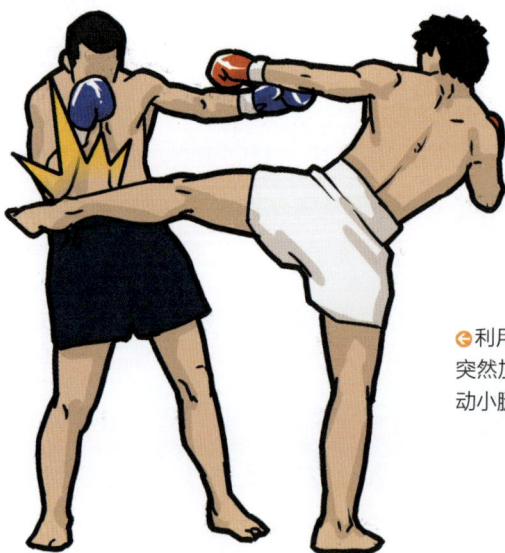

利用膝关节"紧急制动"令小腿和脚背突然加速，再加上膝关节的突然伸展，带动小腿和脚背踢向对方的右侧肋腹部

42 Q

只要抓住对方的一只手
就能够拦截其打击系技法吗

　　抓拿和推搡一类技法在拳击比赛、K-1比赛以及最早推广全接触空手道比赛的极真空手道中都是禁用的。为什么呢？反关节技法以及摔投类技法自不必说，只要肢体动作受制或者衣服稍被对手拉扯，打击系的技法就难有用武之地。带着拳套的手不太好抓，但如果双方脱了拳套裸拳上阵的话，要想抓住对方的手可就容易得多了。

　　比如，对手采取左手左脚在前、右手右脚在后的实战抱架姿势，我们只要出手抓住对方的左手手腕或者袖子，就能使对方的左手难以出拳，而对方此时可以自由活动的就只剩下右手了。正如在 Q31 中提到的，要想挥动右拳打出强有力的一击，必须配合身体左转、右肩前送才行。

　　所以，当对方准备出右拳的时候，我们只要将已经被我们抓住的左手**向对方的右侧、我们的左侧回拉，就能轻易给对方右手出拳制造阻碍**。特别是，如果能够拉着对方的左手挡住其右手，那就能收到更好的阻挡效果了。

　　双手攻击失败，对方很可能会用在前的左腿踢我们。但要想起腿踢击，就必须用另外一条腿支撑身体。哪怕只有重心一部分放在踢击腿上，不要说起腿踢人，就是抬脚离地都很费劲。所以要想用前腿踢击，重心一定要后移，用后腿支撑身体。了解这个原理之后，就可以抓住对方起腿踢击的瞬间，**将对方已经被我们抓住的左手向前拉扯，将其轻松化解**。此时被重心死死压住的前腿是无论如何也无法起腿伤人的。

　　如果对方右拳击打和前腿攻击都不成，那么起右脚反击自然就成了最后的手段。但是要想用位置在后的右腿踢击，就必须把重心移至前面的左腿上，并用左腿去支撑整个身体的体重。此时我们可以看准对方的起腿时机，将对方左手向我们的左前方拉扯，让对方整个人原地旋转，也可以**抓住对方右腿离地的瞬间用身体猛撞过去**，而对方整个人则会以一种十分滑稽的姿势向后直飞出去。（图 4-1）

图 4-1 抓住对方一只手，拦截对方的打击系技法

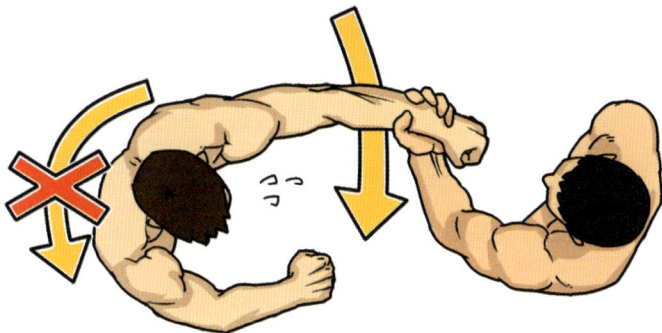

抓住对方的手臂，按照图中箭头方向拉扯，可以让对方上身无法左转从而使其右拳无法顺利打出，即便勉强出拳，击打力也微乎其微

当对方打算起前腿（图中为左腿）踢击的时候，可以将对方的前手向下拉扯，令对方无法起腿

当对方打算起后腿（图中为右腿）踢击的时候，既可以用对付右拳的方法那样向左下方拉扯对方的前手，也可以干脆用身体直接猛撞过去

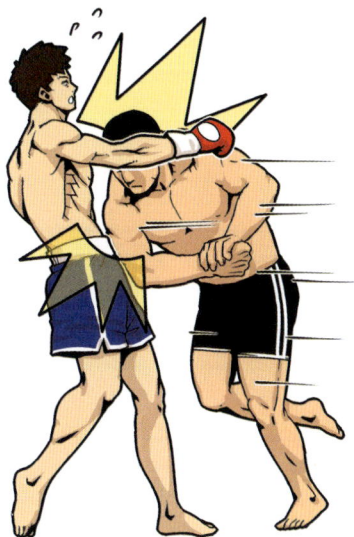

43 在实战中，用抓拿配合击打来进攻，效果会更好吗

这个问题的答案是**绝对会更好**。我们在 Q42 一节中就解释过，通过抓拿对方的手臂可以拦截对方的攻击。抓住对方之后再施以连环击打，可以大幅增加击打产生的伤害力度。虽然拳头击打产生的冲击力没变，但是却能通过拉扯破坏对方的防御架式，使对方的抗击打能力下降。普通的以拳打脚踢为主的打击系竞技型格斗术是以双方都不使用抓拿或者摔投技法为前提的，因此，其攻防技术也没有将抓拿或者摔投技法考虑进去。在世界拳击头衔赛中，就曾经有练摔跤出身的选手登场比赛，凭借其强横的缠抱技术令拳击冠军吃尽苦头。也有些泰拳手在 K-1 比赛中使用膝撞配合强力的箍颈缠抱技术将一众豪强扭得东倒西歪，在一次次扭抱对抗中不断蚕食掉对方的体力。[①]

如前几章所述，无论什么样的击打招法，要想打得快、打得狠，必须协调顺畅地调动全身各个部分共同发力。对拳打脚踢这样的击打类技法而言，普通的拉扯尚且能成为其巨大的阻碍，**使拳打脚踢不是打不到，就是没威力，更何况摔投技法**。

另外，拉扯还可以降低对方的抗击打能力。在实战中，防守需要抗击打能力和防守动作共同作用才能奏效，二者缺一不可。所谓抗击打就是在对方击打我们身体的瞬间，集中意念和力量绷紧被击打的身体部位，使这个部位的肌肉收缩变硬，比如绷紧腹肌来抵抗爆肝重拳。但是，这种方法只能提高一处被击打的部位在一瞬间的抗击打能力。如果全身肌肉都绷紧，整个人就会由于身体紧张而变得动作僵硬，导致在实战中无法灵活快速地移动换位。

说到这里，想必各位读者已经明白抓拿技法的优势了吧（图 4-2）。在被对方抓住并拉扯的瞬间，人体会下意识地尽全力去保持身体平衡，所以从重心被破坏到再次恢复身体平衡的这段时间内，人体**既不能绷紧肌肉抵抗击打，也无法及**

---

① 严格来说这种打法属于犯规。

102

时准确地做出防守动作，而被摔投技法扔出去的时候，人的防御能力则下降得更甚。防御能力处于低下状态的人体根本无法承受那么强力的拳脚击打。

图4-2　4种抓拿配合击打的进攻技法

↶抓住对方的右手向后拉扯，同时用手刀或者拳头捶击对方的后脑或者脖子

➡一边回拉对方，一边像出迎击拳一样击打对方的肋腹部

⬆从后面勒住对方的颈部，用脚踩踏对方的左腿膝盖窝，并把体重全部压在对方的左腿上

⬆一边拉住对方打来的拳头，一边用脚从正面截踢对方的膝盖，可以严重挫伤对方的膝关节

44

被体格壮硕的对手抓住手腕时，可以通过横摆手臂绕到对方身后吗

在回答这个问题之前，请允许我为各位读者解释一下"力矩"这个力学术语。所谓力矩，就是指使物体旋转的力，也就是旋转力。既然是旋转，就需要一个旋转轴，让物体围绕其旋转。力矩大小可以通过以下公式计算求得：

$$力矩 = 力 \times 旋转半径$$

在同样大小的力的作用下，旋转半径越大，力矩就越大。旋转半径也被称为"力臂"（图 4-3）。

举个简单的例子，两个人面对面站着，同时伸出右手，掌心相对，同时将对方的手掌用力向自己的左侧推按。根据作用力与反作用力法则，此时双方手掌按压力的大小是相同的，当然，实际上胜负并不是由手掌的按压力的大小所决定的。此时，我们可以将两个人的身体看作螺丝，对方的手臂则是拧动螺丝的扳手，两个人的旋转轴为各自的身体纵向中心线。

就像扳手越长、旋转半径越大，螺丝就越容易被拧动一样，当右手手臂完全伸展开的时候，比较容易被对方转动。反过来，如果弯曲手臂使右手靠近自己身体（手与旋转轴之间距离变短）时，这对于对方来说，就跟扳手突然变短了一样，拧起来要费劲得多（图 4-4）。

明白了这个道理之后，我们再来看看如何利用这个原理在实战中达到克敌制胜的目的（图 4-5）。在右手手腕被对方抓住的瞬间，我们一边用左手牵制性地击打对方的眼睛，一边向着对方迅速上步近身，这样就能让对方的手离他的身体旋转轴更远（如果对方为了躲闪眼部击打向后闪身，抓拿我们右手的手臂自然就会伸展开），而我们自己的手则离自己的身体旋转轴更近。

如此一来，就算双方体格差距悬殊，我们也能够抓住对方的右手用力向我们右侧大幅度横挥。同时，如果我们迈左脚向左前方上步，就能够顺利绕到对方身后。如果对方抓住我们的手腕大力前后推搡的话，我们还可以顺着推搡的力量不

断移动身位，抓住对方的漏洞，瞄准对方的眼睛并施以反击，然后使用上面的方法绕到对方身后，反败为胜。

图 4-3　力臂与施力方向对力矩的影响

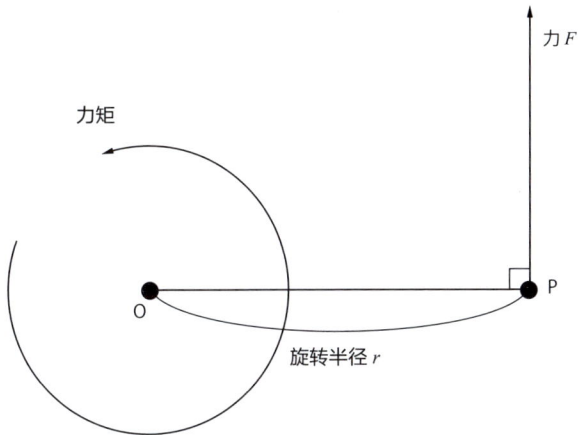

力 F

力矩

O

P

旋转半径 r

点 O 为旋转轴，点 P 为力的作用点

力矩 $N=$ 力 $F×$ 旋转半径 r
当力的作用方向为图中所示的方向时（与 OP 垂直），力矩最大

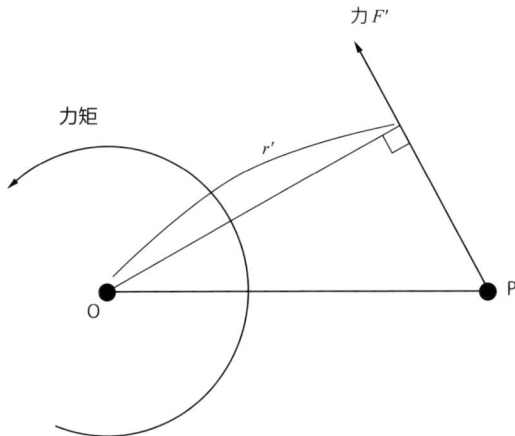

力 F'

力矩

r'

O

P

力矩 $N'=$ 力 $F'×$ 旋转半径 r'
如图所示，力矩 N' 明显要小于力矩 N。同样大的力 F 作用在点 P 上，
由于力 F 方向发生改变，其产生的力矩大小也会发生改变

图 4-4　力臂对力矩的影响

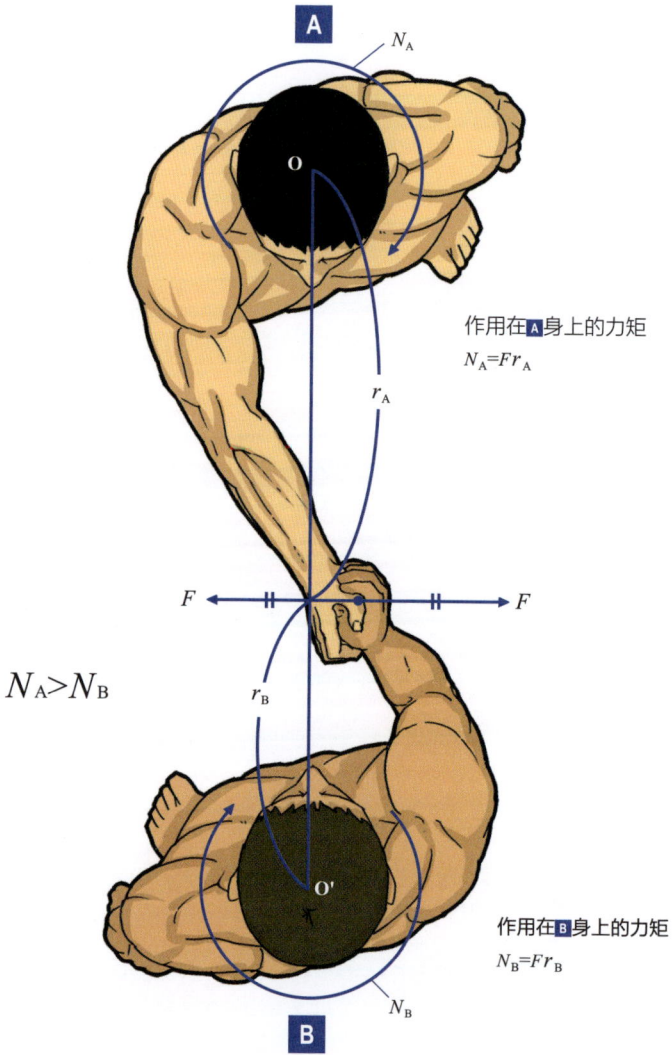

作用在 A 身上的力矩
$N_A = F r_A$

$N_A > N_B$

作用在 B 身上的力矩
$N_B = F r_B$

虽然双方同时伸手发力按压对方手掌的力 F 大小相等，但是力臂更短的 B（$r_B < r_A$）能施加给对方更大的力矩 N_A（$> N_B$）

图4-5　利用力矩的原理克敌制胜

↻①当对方抓住我们的手腕

↻②我们主动上步近身，让对方的手臂远离他的身体，而自己的手臂贴近自己的身体。这样对方就很难通过抓住我们的手臂来左右甩动我们

↻③乘势用手刀反劈对方颈部

45

对于拼死挣扎的对手，
反关节技法是很难奏效的

应对反关节技法的脱逃技法和反制技法，在后面 Q52、Q53、Q58 几节中也会有详细说明。刚刚掌握反关节技法的人很容易把注意力全部集中在对方的手腕上，导致出招时过度关注对方的腕关节而非整个身体。实际上，高阶反关节技法的作用对象是对方的整个身体，而非某个局部，任何反关节技法都要在全身各部位的共同配合下才能奏效。如果对方中了招还能奋力反抗甚至挣脱，那表明对方的身体并没有失去平衡或者稳定性，之所以让对方逃脱掉，并不是因为我们手上的抓握力不够，而是因为过度依赖手上的抓握力（图 4-6）。

请各位读者翻看一下 Q52 一节中高手使用"袖卷返"制敌时的插图。如图所示，这招在使用时全身的动作幅度非常大，而**相对全身的大幅度动作而言，手腕上的动作看起来小得多**。人只有在双脚站稳的情况下才能对外发力，一旦重心不稳，人除了出于本能拼命手刨脚蹬保持平衡之外什么都做不了。

再比如当自己胸前的衣领被对方右手抓住时使用的应对招法"片胸落"。使用这招的准确时机是当对方抓住我们的衣领并用力向后推我们的时候。这时如果我们把所有的注意力都放在对方的手腕上并用手去扭它的话，恐怕自己会被对方直接向后推倒。但如果我们主动向前挺身，硬顶一下对方推来的手臂，当对方发觉自己的推搡没有收效而再一次发力猛推的时候，我们就可以借力打力，一边身体右转避其锋芒，一边将对方推来的手顺势后拉抻直，这样就可以牵动对方的身体重心使其向前扑倒（图 4-7）。此时对方已经失去平衡，很难再发力抵抗我们的反关节技法，我们正好可以抓住这个绝佳的时机将对方被拉直的手臂扭成 S 形（参考 Q53）。

对反关节技法来说，步法和身法才是最重要的。在双脚位置固定不变的情况下，腰部柔韧性越好，上身就越灵活，再配合灵巧细腻的步法和走位，就能够加大对方关节被扭转的幅度。

　　反关节技法所依靠的不仅是手上的抓握力，更重要的是用灵活的步法配合身法破坏对方的身体平衡，这样，即便是用很小的力量也能发挥出巨大的威力。

图4-6　手的速度与施加到对方身上的力的关系

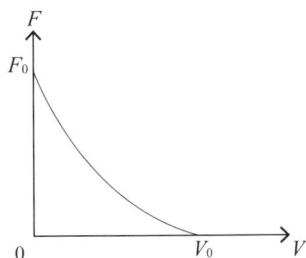

F：手施加给对方的力
V：手运动的速度
手运动的速度 V 越大，施加给对方的作用力 F 越小，因此理想状态是，保持抓拿的手不动（$V=0$），利用身体的移动扭转对方的关节，这样，手作用到对方身上的力就能够一直保持在最大水平 F_0

图4-7　"片胸落"的用法

↑使用片胸落的时候，必须移动自己的重心配合转体来牵动对方的身体重心，使其失去平衡，再利用身法走位配合全身协调发力，才能奏效

46

为什么挫腕十字固一旦成型，
对手就很难逃脱

　　挫腕十字固是一种将对方的肘关节向相反方向弯折并使其过度伸展的反关节技法，一旦成型，对方就很难逃脱。因为拼命挣扎会导致肘关节严重受损，对方只能认输投降。与挫腕十字固对抗所需要的力量是由弯曲肘关节产生的，可通过下列公式计算得出（确切来说，拉动肘关节弯曲的力矩 = 弯曲肘关节产生的力与力臂的乘积）：

力矩 = 肌肉收缩力 F × 力臂 l

　　如图 4–8 所示，肘关节夹角为 90° 左右时力矩最大，接近 180° 时力矩接近于 0。也就是说，手臂一旦被对方拉直，基本上很难产生足够的力矩与之对抗。

　　使用挫腕十字固的一方则尽量不让对方的肘关节产生足够的力矩进行反抗。其中一个办法就是将对方的手腕向手臂内侧掰扭，使其拇指朝上（图 4–9）。肘关节的弯曲需要包括肱二头肌、肱肌、肱桡肌在内的肌群共同发力才能实现。其中力量最大的就是稍一用力就能隆起高高的肌肉疙瘩的肱二头肌，不过要想让肱二头肌绷起，手臂弯曲用力的时候拇指要向外扭转，反过来，拇指向内侧扭转时，肱二头肌显示出来的力量感就不那么明显了。同样，当我们用哑铃做手臂弯举（curl）的时候，拇指朝正上方的锤式哑铃弯举（hammer curl）要比普通哑铃弯举（dumbbell curl）费力得多（图 4–10）。

　　另外，在用十字固拉直对方肘关节的过程中，首先要尽量利用背部的大肌群带动上身后仰，而不是仅仅依靠手臂的力量硬扳。其次，作为反向拉抻手臂的杠杆支点，肘关节的位置如果没有被固定住，十字固也是难以奏效的，所以为了避免对方的上臂左右乱窜，一定要用大腿牢牢地将其夹住。最后还要用双腿死死地压住对方的头部和胸部，这样才能把连接手臂和躯干的肩关节也固定住。锁死以上各处关节之后，这招十字固才更容易成型并发挥出其真正的制敌效果。如果对方在十字固成型之后还在死命挣扎，我们只要将腰部上抬，向肘关节持续施压，就能迫使对方放弃抵抗、拍地认输了。

图 4-8　弯曲肘关节力矩生成示意图

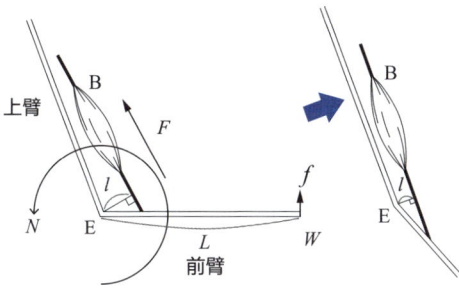

使肘关节弯曲的力矩 $N=Fl$。当手臂被抻直的时候，力臂 l 就会变小，力矩 N 也随之变小，直至趋 0。所以，一旦手臂被拉直，肘关节就再也无法弯曲了

图 4-9　使用挫腕十字固的关键

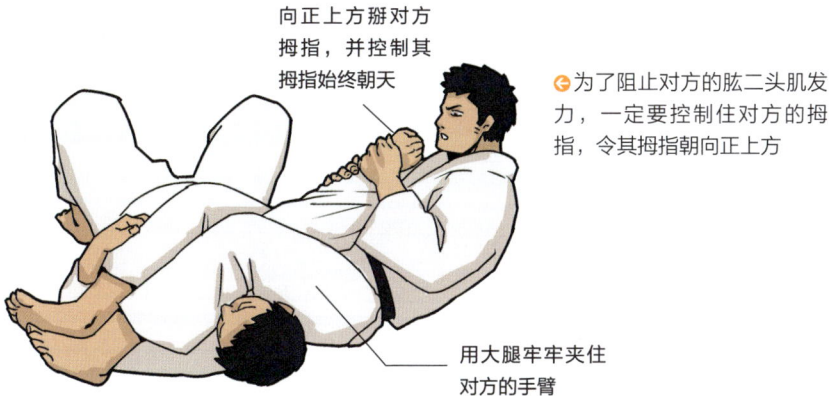

向正上方掰对方拇指，并控制其拇指始终朝天

为了阻止对方的肱二头肌发力，一定要控制住对方的拇指，令其拇指向正上方

用大腿牢牢夹住对方的手臂

图 4-10　两种状态下的肱二头肌发力情况

肱二头肌容易发力的普通哑铃弯举（左）和不容易发力的锤式哑铃弯举（右）

47

请为我们介绍一下摔投技法的原理

我们总说用摔法把人"扔"出去，但是实际上我们并不能像扔球一样轻轻松松地把人给"扔"出去。各位读者可以想一想我们推铅球时的感受，一颗重7.26kg的铅球，其质量仅为人体的 1/10 而已，我们连把它抛出去都十分吃力，更不要说 10 倍于铅球重量的人体了。所以，单从力量方面来看，要想像扔球一样把人给"扔"出去，是绝对不可能的。

摔投技法中的"扔"实际上是"放倒"的意思，也就是说通过破坏对方的身体平衡使对方翻倒在地。注意，这里所说的翻倒并不是指趴在地上，而是将对方身体旋转起来之后，使其后背朝下重重地砸在地上，否则是没有什么实战效果的。

柔道中的诸多摔投技法虽然各不相同，但从力学角度来讲，这些技法有个共通点，那就是"通过向人体身上两点（或两点以上）位置分别施加方向相反的力，使人体一边旋转一边摔倒在地"。

让我们一起来看几个柔道中具代表性的招法吧。

首先来看柔道中的"出足拂"招法。在对方抬腿上步，脚掌即将着地的瞬间，出腿扫踢对方的上步脚，同时双手向扫踢的相反方向拉扯对方，使其摔倒。但如果仅仅是这样的话，对方的肩膀会先着地，身体横着摔向地面（身体绕着图4-11 中的 x 轴旋转）。为了增加摔投威力，除了扫踢对方的上步脚使其失重之外，还要右手前推、左手后拉使对方的身体绕着 y 轴横向旋转，最后使其后背着地摔倒。

接下来看"背负投"。这招是用自己的腰拱起对方的腰，双手抓住对方上半身向下扔，使其整个人向前翻转摔倒在地（对方身体绕着图 4-12 中的 z 轴旋转）。柔道中的另一种摔法"巴投"虽然跟背负投的具体招法不同，但是二者向对方施力的方法以及对方的倒地方式都是一样的。

"大外刈"这招则是通过向对方的膝盖和上半身分别施加方向相反的力，使对方的身体围绕图 4-13 中的 x 轴旋转，再右手前推、左手回拉，使对方身体围绕 y 轴旋转，这样，在这两个旋转力的共同作用下，对方后背着地翻倒。

图 4-11 出足拂

⬇使对方身体依次绕 y 轴和 x 轴旋转而翻倒在地

图 4-12 背负投

⬇使对方绕着 z 轴旋转翻倒在地。巴投和背负投虽然摔法不同，但是二者向对方施力的方法却是一样的

图 4-13 大外刈

⬇用右腿将对方的右膝盖钩起上撩，同时右手抓住对方的肩部向前推送，左手抓住对方袖子向后抽拉，将对方的身体围绕 x 轴和 y 轴同时旋转。在对方双脚离地、身体腾空的瞬间，调整角度，使对方后背向下摔在地上

48

为什么用大外刈摔对方的时候反倒被对方的大外刈摔翻在地

我认为可能是以下这两方面造成的：一是**没有彻底破坏掉对方的平衡**，二是**撩钩对方双腿时支撑腿不稳**。

首先请各位读者看一下 Q47 中大外刈的插图。对方身体重心已经完全被我们撬动起来，身体平衡已经被我们成功破坏掉了，左脚已经离地，只用一条右腿强撑。这时只要绊倒支撑其全部体重的右腿，对方自然会翻倒在地。所以，在正式使用摔投技法之前，破坏对方的身体平衡是摔法成功的必要条件。

接下来一起看看在破坏对方身体平衡之前就用大外刈摔对方会是什么后果。如果此时贸然向对方身后伸出右腿准备起腿撩钩的话，仅凭左腿的支撑是很难保持我们自身身体稳定的，而此时对方却是双脚稳固站定的，所以我们的右腿撩钩恐怕难以奏效。反过来，对方则可以以逸待劳，抓住我们单脚站立、身体不稳的空当双手回拉，轻轻松松地拉动我们的身体重心向右前方倒去，紧接着对方就可以用大外刈反撩我们站定不稳的右腿，将我们摔翻在地。

在实战中，即便我们成功地撬动对方的重心使其身体失去平衡，仅凭右腿力量去撩钩对方支撑腿的话，恐怕会发力不足，而使对方仍有余力反抗。所以我们在稳住支撑身体的左腿之后，**要使上身和右腿像一根粗木头一样成一条直线**，然后上身猛然向下，用力俯身，并带动右腿向上撩钩对方的支撑腿。这样不仅能使支撑腿产生巨大的摔投力量，双手拉扯的力量也会随之倍增（图 4–14）。这和多点配合发力，用出足拂扫翻对方时的感觉是一样的。

同样，要想成功用背负投摔倒对方，也要先使对方上身前倾、重心不稳，然后迅速上步、转身下潜，用后腰将对方的身体拱起。否则会因为下潜速度不足或者上步欺身不到位而被对手抓住先机，用"裸绞"（Sleep Hold）等招法锁住脖颈，又或者被对方乘势拦腰抱住，用"里投"提起来倒掼在地上（图 4–15）。

图 4-14　施招不成而被对方反制的情况

↩没有破坏对方的平衡就贸然用背负投进招的话，恐怕会被对方用送襟绞之类的招法勒住脖颈而落败

↪没有完全破坏对方的身体平衡或者上步欺身不到位就用转身发力的技法进攻，则很容易被对方用里投拦腰抱起而反摔出去

图 4-15　撬动对方重心的关键

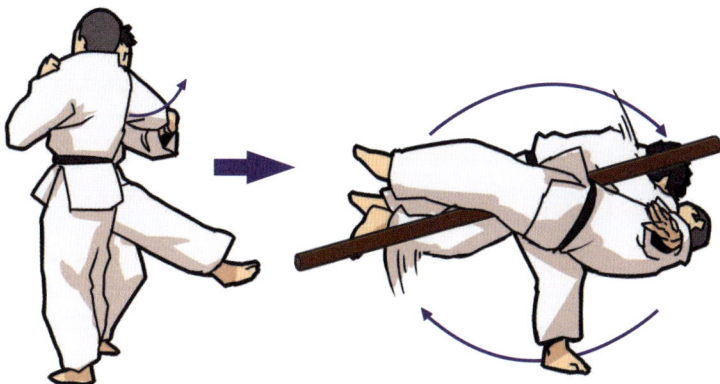

↩使腿和上身像一根棒子一样成一条直线，才能够完全发挥出支撑腿的威力。掌握这一点才能够使大外刈或者出足拂的攻击力更强

49 如何对抗柔道的摔投技法

柔道的摔投技法在坚硬的水泥路面上使用是十分危险的。一方在衣服被抓住的瞬间就失去平衡，对方则迅速上步近身施以摔投技法。即便双方同时滚落在地，还有针对脖颈的勒绞甚至足以折断手臂的挫腕十字固等地面技（寝技）等着自己。而柔道选手通常长得敦实、力量强健，有很强的抗击打能力，是绝对不可小觑的强敌。

无论哪种格斗术，最有效的对策就是直击其弱点，也就是说用对方不习惯的技法集中进攻，而这些技法很可能是违反格斗术比赛规则的。

柔道选手进攻的第一步就是抓住我们。所以，对付柔道选手，要**在对方近身抓住我们之前就用击打类招法抢先攻击**。如果与对方体格不相上下，普通的出拳或者踢腿即可应付，但是一定要注意，别被对方抓住我们打出去的拳或者踢出去的脚。而如果对方体格壮硕，普通的拳打脚踢难以奏效，很可能在三拳两脚之间就被对方逮个正着。面对这种对手，我们只能攻击他们的眼睛、耳朵、裆部等无法通过锻炼进行强化的身体要害。

接下来，如果我们的击打没有奏效，衣服被对方抓住，就要及时用反关节技法攻击对方的手腕关节。因为反关节技法在柔道比赛中是不允许使用的，所以可能会收到意想不到的攻击效果。但是在被对方抓住的一瞬间如果没有马上用反关节技法反击，那就来不及了。**当然还可以在反关节技法中混合肘击、头槌、大力踩脚等方法，打乱对方的进攻节奏，为反击争取时间**（图 4-16）。

如果只懂得击打类技法，很可能在面对擅长摔投技法的对手时会心生恐惧而畏缩不前。多了解一些包含摔投技法和地面技在内的格斗术（如相扑、西洋式摔跤、合气道、少林寺拳法、中国拳法等）就能够战胜由未知带来的恐惧，沉着应敌。

图4-16　针对柔道选手的反击技法

↑在对方伸手抓来的瞬间出拳反击

↑抓住对方的手，用脚踩踏对方的膝关节
或者脚面，会收到意想不到的效果

50 三船久藏的十段神技空气投是一种什么样的招法

由三船久藏所创的"**空气投**"在今天被称为"**隅落**"，在规模较大的高层次比赛中经常能够看到。**Q47** 中曾经说过，柔道的摔投技法多数是通过抬起对方，并用脚去撩钩对方的支撑腿使其摔倒的。空气投看起来很不可思议，它只用双手就能将对方摔翻在地，其实它是巧妙地运用了"通过向对方身上的两个部位分别施加方向相反的力将其扭倒"这一柔道技法的共同原理。

接下来一起看看空气投是怎么摔倒对方的。**左脚向对方的外侧上步，用抓住对方衣领的右手将对方向其身后右上方推举，同时左手向正下方拉扯对方身体**。这样对方身体就会向其右后方倾斜，并将体重都压在他自己的右腿上。接下来，**配合身法走位使右手猛力向上推，同时左手向下回拉**，使对方整个人旋转起来并向其右后方飞出去（图 4-17）。

要想成功用这招摔倒对方，一个要点是，通过将对方的上身向其身后右上方推举，使其只能用右腿支撑整个身体。也可以在进退攻防之间抓住对方右脚离地向后退的瞬间，利用对方的运动惯性将对方摔出去。

另外一个要点就是，绝对不要妄想仅凭双手的力量摔倒对方。上文中的"配合身法走位将对方甩出去"的真正意思是双腿和躯干共同发力，经双手把力量传给对方。而双手则只要专注于控制并引导这股来自双腿和躯干的力量即可。

通常情况下，推拉对方的力量并不仅仅是从双手发出的。如果从肌肉体积和出力比例的角度来看，仅凭手臂的力量根本不足以撼动对方的身体重心。所以在用手臂拉扯对方时，要集中意念，使力量从后背的大肌群发出，同样，用手臂推按对手时，要集中意念，使力量从腰间发出。像空气投这种需要身体各个部位协调配合、共同发力才能奏效的高阶技法，对意念集中的要求自然更高。

图 4-17 空气投

↑在 2000 年悉尼奥运会男子柔道 60 公斤级
的决赛中，野村忠宏就是用这招空气投战胜
了韩国的郑富竞从而夺冠的

51

木偶或者雕塑很容易倒，为什么人不会

用双脚直立行走的人从本质上来讲是很不稳定的，就算是在倒地即输的相扑比赛中的最强力士白鹏，如果他全身僵硬得像个雕塑一样，我们也能用一根手指轻松将其推倒。不过我们人类之所以不会那么容易被推倒或拉倒，是因为我们**总是能让身体保持直立平衡**，这种平衡分为静态平衡和动态平衡两种。

静态平衡，指当身体各部分进行缓慢柔和的运动或者是处于静止状态时保持的平衡。当我们两脚站立的时候，身体重心在地面上的垂点一定是落在由左右脚脚掌所构成的这个支撑平面上的。

当遇到从正面推过来的力时，为了保持重心在地面的垂点不被这股推力从双脚构成的支撑面推开，我们的身体会自动调整站立姿势以顶住这股力（图4–18）。当推力变强的时候，如果不能及时调整重心位置，我们就会像僵硬的雕塑一样向后仰倒。所以我们的身体会下意识地将重心的垂点从原支撑面向前移出，以对抗这股来自正面的推力（图4–19）。

如果身体继续保持这个姿势，当推力突然变成0，由于此时身体重心在双脚支撑面的前方，所以我们就会向前倒下。为了继续保持身体平衡，通常情况下我们会向前迈出一只脚，令双脚在身体重心的正下方重新构建一个支撑面。实际上我们平时的"行走"也是在重复这一系列动作。一只脚独立支撑身体，使身体向前"倒"，紧接着另一只脚前迈着地，使双脚在身体重心的正下方重新构建一个支撑面。如此循环往复就能使我们保持直立状态向前移动，这就是动态平衡。

另外，我们在保持双脚不动、屈膝坐臀的时候，仅凭双手像蝶泳一样摆臂就能使身体重心重新回到双脚的支撑面上方并保持住身体平衡，这也是动态平衡。这种情况如果从力学角度解释的话会比较复杂，所以在此将其省略。

正是因为**能够下意识地自动保持静态和动态平衡，人类才得以直立活动**。而摔投技法针对的恰恰就是这种运动中的漏洞。

图 4-18 关于仰倒的力学分析

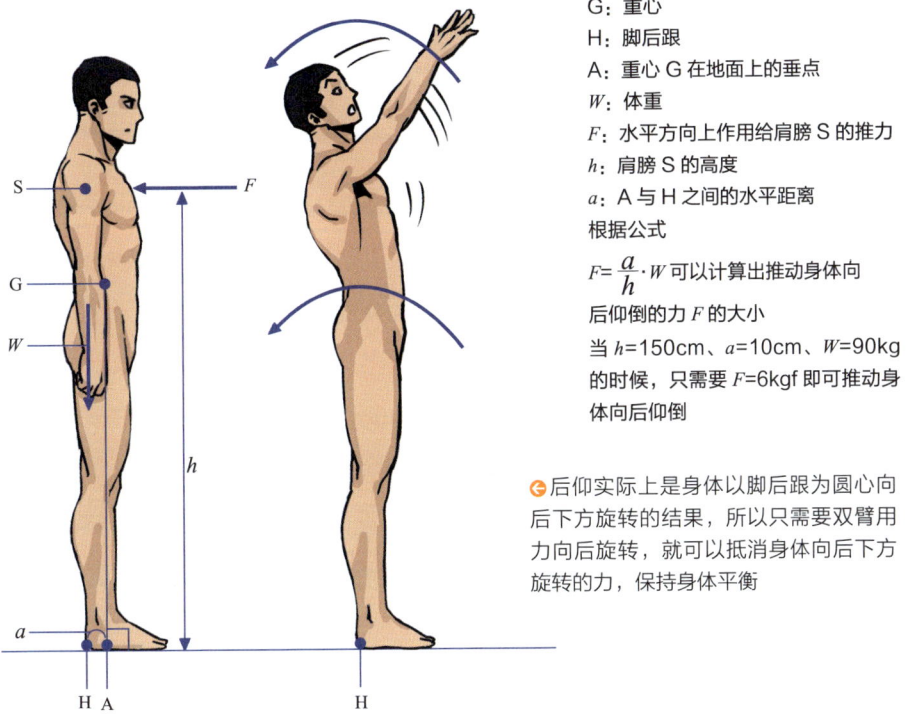

G：重心
H：脚后跟
A：重心 G 在地面上的垂点
W：体重
F：水平方向上作用给肩膀 S 的推力
h：肩膀 S 的高度
a：A 与 H 之间的水平距离
根据公式

$F=\dfrac{a}{h}\cdot W$ 可以计算出推动身体向

后仰倒的力 F 的大小
当 h=150cm、a=10cm、W=90kg
的时候，只需要 F=6kgf 即可推动身
体向后仰倒

➡后仰实际上是身体以脚后跟为圆心向
后下方旋转的结果，所以只需要双臂用
力向后旋转，就可以抵消身体向后下方
旋转的力，保持身体平衡

扩大

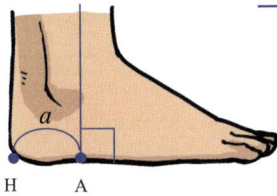

图 4-19 移动重心后的受力分析

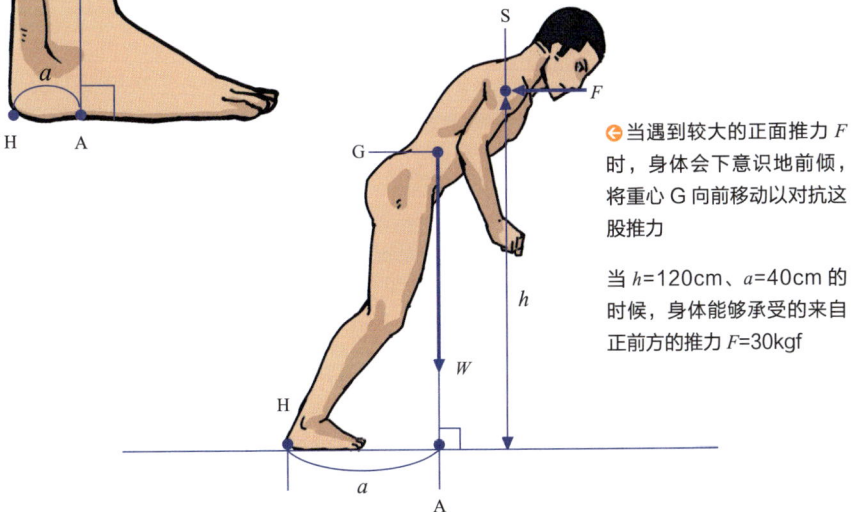

➡当遇到较大的正面推力 F
时，身体会下意识地前倾，
将重心 G 向前移动以对抗这
股推力

当 h=120cm、a=40cm 的
时候，身体能够承受的来自
正前方的推力 F=30kgf

121

52

使用反关节技法时，为什么仅靠扭动对方的手腕就能够将其摔投出去

现代柔道比赛允许使用挫腕十字固这样的反关节技法进攻对方的肘关节，但用反关节技法攻击对方的手腕却是犯规动作。日本的古流柔术、合气道、少林寺拳法以及中国拳法中有很多针对腕关节的反关节技法。

这些技法除了将手腕向内或者向外扭转之外，还可以将手腕向手臂内侧反折过去。在日语中，将手掌的拇指一侧向内掰拧的手法称为"回内"，反过来向外掰扭的手法则称为"回外"（图 4-20）。与其说掰扭是在攻击对方的腕关节，不如说是在控制对方的两根前臂骨（尺骨和桡骨）。位于小指一侧的尺骨通过肘关节与肱骨相连，是无法左右转动的。拇指一侧的桡骨则可以围绕尺骨旋转，旋转桡骨可以使前臂左右转动。

当仿佛手里托着一枚硬币，掌心朝向正上方的时候，前臂处于向外扭转的回外的最大极限状态，手掌翻转 180°，掌心朝下的时候，前臂则处于向内扭转的回内的极限状态。接下来看一下这个原理的具体应用实例。

当对方自下而上出手抓住我们手腕（袖子）的时候，他的前臂此时几乎达到了回外的极限状态。如果我们继续向外扭转对方的腕关节，对方就会感到手腕和前臂十分疼痛。因为控制手腕转动的肌肉还连接着肘关节，所以当腕关节被扭转的时候，肘关节也会受到牵制。当腕关节和肘关节都被扭至极限角度的时候，上臂也会因为受制而无法动弹了。如果此时上臂勉强活动，腕关节和肘关节会被扭曲得更厉害，疼痛也会随之加剧。

这样，被扭转至极限而无法动弹的整条手臂就会牵动全身。如果我们朝着对方难以保持身体平衡的方向继续扭转对方的腕关节，这股扭力就可以通过手臂直达对方身体并将其摔倒。此时，如果对方为了保持身体平衡而发力对抗，不但从手臂各个关节上传来的疼痛感会越来越强，而且如果对抗的力量过大，还会扭伤关节，所以，顺着腕关节被扭转的方向主动倒地反而可以减轻疼痛和伤害（图 4-21）。

图 4-20　回外与回内

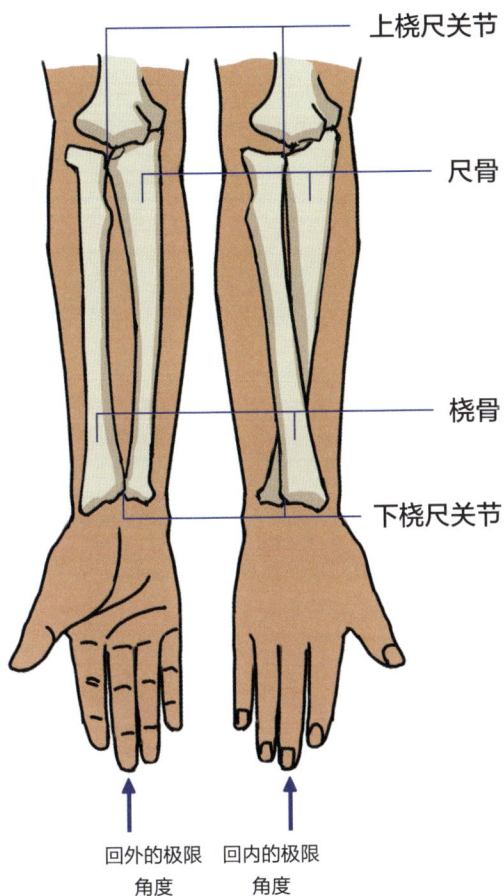

上桡尺关节

尺骨

桡骨

下桡尺关节

回外的极限　回内的极限
角度　　　　角度

🔼如图所示，尺骨通过肘关节与上臂相连，基本不动，回内与回外是由桡骨围绕尺骨旋转来带动上臂向内或者向外旋转的

图4-21 应用实例

➡①对方出手抓住我们的手腕（袖子）的时候，其前臂即将达到向外扭转的极限状态

➡②抓住对方的左手手掌，并将其固定在自己手腕附近

➡③接着继续向着极限角度扭转对方左手，摔翻对方。这个招法在日语中被称为"袖卷返"

53

能否多介绍一些针对手腕的反关节技法

　　我在这里主要以少林寺拳法中针对手腕的反关节技法为例给各位读者做进一步说明。这些技法在实际操作中有很多要领和细节，在了解了原理之后，相信各位读者学起来会更快。

　　首先是被称为"逆小手"的技法。如图 4–22 所示，当对方伸右手抓住我们的右手内侧的时候，我们的右手前臂一边向内旋转一边向后挣脱，同时出左手，手掌紧贴对方右手手背，并抓住对方右手向我们的左侧发力扭转，将对方的前臂向外扭转至极限，并可以通过进一步加大扭转幅度将其摔倒。

　　其次是被称为"片胸落"的技法。当对方抓住我们胸前的衣服并向后推按时，我们可以用这招先控制住对方的前臂，然后将其向内扭转从而制服对方。片胸落有个特征，即当对方被制服趴在地上的时候，其被控手臂呈"S"形，因为对方的手腕是朝内侧弯折的。这招一旦成形，对方把手臂向着小指一侧转也好，手肘向下妄图伏地逃脱也罢，怎么挣扎都是在劫难逃。因为对方的前臂此时已经完全受制并在被不断向内扭转，对方会感到越来越疼，挣扎的结果最多是从蹲着变成完全趴在地上（图 4–23）。

　　另外，同样是向内扭转前臂的反关节技法，也可以不把对方的手臂扭成"S"形。当掰扭对方的左手手腕时，不直接向对方前臂内侧弯折、下压手腕，而是向左呈螺旋状扭转其手掌，特别是向小指一侧施加压力，使其小指一侧产生剧痛。这样对方就会和中了片胸落一样向前扑倒。

　　最后是用来制服趴在地上的对手的"里固"。这招也是通过拉直对方的肘关节并向内侧扭转其手腕和前臂而将其制服的（图 4–24）。

　　合气道和中国拳法中的反制招法虽然看起来不太一样，但是针对手腕的攻击原理基本是一样的。

图 4-22　逆小手

⬅用逆小手向外朝着极限扭转对方（右）的手腕，对方会顺着手腕被扭转的方向摔过去

图 4-23　片胸落

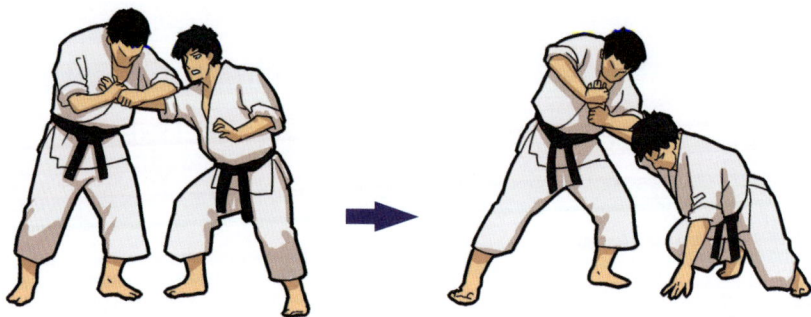

⬆片胸落是通过将对方的手臂扭成"S"形来制服对方的

图 4-24　里固

➡里固是通过将趴在地上的对方的前臂向内扭向极限来制服对方的

54

为什么在实战中被勒住脖颈是非常可怕的

从人体生理学角度来讲，勒住脖颈主要会造成以下两个问题：

①**压迫气管，阻止空气进入肺部；**

②**压迫颈动脉，使大脑供血不足。**

由于①会迅速减少人体能够摄入的氧气的量，包括大脑在内的整个身体会因为缺氧而导致功能迅速下降。比如在马拉松这样需要长时间奔跑的运动中，最终决定奔跑速度和力量的是人体的摄氧量。在格斗比赛中，无论在回合之内，还是回合与回合之间短暂休息时，运动员都要尽量大口大口地急促呼吸，这也是为了抓紧时间让自己身体尽可能摄入更多氧气。在实战中，**如果脖颈被长时间勒住，就算颈椎没有被勒断，身体也会因为缺氧而无法动弹。**

至于②则会阻断血液向大脑持续输送氧气和营养（葡萄糖）。人类的大脑的质量仅为 1.3kg 左右，约占人体体重的 1/50，但即便人体处于安静状态下，大脑的耗氧量也占了人体总耗氧量的 20% 左右。人脑虽小，却是氧气的"大用户"。人脑用这些源源不断的氧气"燃烧"掉葡萄糖，产生维持大脑正常运作的能量。

当进入运动状态时，流向大脑的动脉血含氧量会降到安静状态下的 80%，葡萄糖含量更是降到了 60% 以下。为了弥补这部分不足，在**比赛中，大脑需要比安静状态下更大的供血量才能维持正常的生理功能，但勒住脖颈却掐断了大脑的供血**。

当脖颈被死死勒住的时候，选手无论怎么用力挣扎，气力（大脑工作）和意识都会逐渐变弱直至丧失，这种状态持续下去的话甚至会导致死亡（图 4-25）。所以为了保证选手的生命安全，裁判要正确判断双方的身体情况并及时中止比赛、宣告胜负结果。一位朋友曾经让我试一试勒住他的脖颈。勒了一会儿，这位朋友开始用手肘反击，可之后这位朋友却说他"连自己用胳膊肘击打你的事都记不起来了"，而这可着实把我给吓坏了。所以说，在实战中被对方勒住脖颈是一件非常可怕的事。

图4-25　几种勒绞脖颈的技法

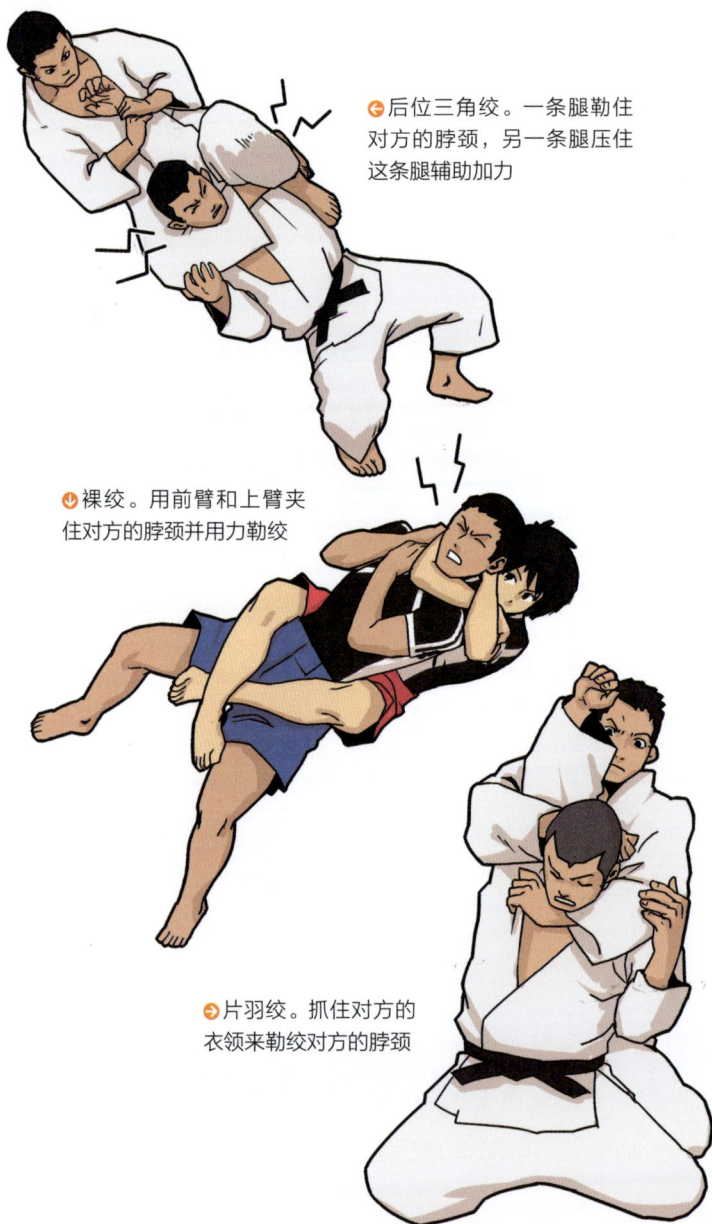

后位三角绞。一条腿勒住对方的脖颈，另一条腿压住这条腿辅助加力

裸绞。用前臂和上臂夹住对方的脖颈并用力勒绞

片羽绞。抓住对方的衣领来勒绞对方的脖颈

第5章 防守的科学

55

如何应付对方踢裆

　　像 K-1 这样的竞技型格斗比赛是严禁踢裆的。即便这样，针对大腿内侧的低扫腿（in low）一旦误中了裆部，虽然有护裆（foul-proof cup）保护，仍然会对选手造成相当大的伤害，有时甚至要中止比赛。不过也有例外，那就是大道塾举办的空手道比赛。该比赛的宗旨是无限接近实战，所以当参赛选手体格差距过大的时候，攻击裆部是不犯规的。比赛归比赛，在拳拳到肉的街头实战中，保护好自己的裆部要害可比什么都重要。

　　而众多攻击裆部的技法中，最难防的当属以膝关节瞬间伸展带动小腿迅速弹击对方裆部的弹裆腿。以我的经验，对于这种又快又狠、非常迅猛的腿法，主要有以下三种防御对策：

　　①用胫骨和膝盖拨开对方的弹踢腿；

　　②用大腿内侧的肌肉夹住对方的弹踢腿；

　　③将裆部要害缩入腹腔。

　　下面我们一一进行分析。比如，当我们采取左脚在前的实战姿势对敌时，左腿是挡在裆部前面的，对方为了避开我们的左腿，会用左脚弹踢我们的裆部。这时我们可以用方法①迅速向右上方提起左膝，挡住裆部。在提膝格挡的时候，注意要尽量弯曲膝关节，使胫骨微微向左下方倾斜。这样，对方踢击腿的胫骨就会沿着我们的胫骨向我们右侧横着滑出去。如果格挡成功且时机正好，对方的裆部反倒会暴露出来，我们正好可以抓住这个时机，立刻伸展原本弯曲的膝关节，带动小腿反踢对方裆部（图 5-1）。

　　方法②主要指的是古流空手道中的三战立架式。这种架式的特征是双膝向内侧弯曲、大腿内夹，使两腿内侧的距离变窄。当对方用弹裆腿踢来的时候，迅速双膝紧扣、双腿内夹，用大腿内侧肌肉夹停对方踢来的脚以保护裆部（图 5-2、图 5-3）。而方法③则是一种特殊的抗击打方法，通过意念和呼吸调动提睾肌收缩发力，将裆部要害拉进腹腔中。我曾经做过试验，结果我脚背踢中的是对方的耻骨而非裆部。

图 5-1　格挡并反击弹裆腿的方法

⬆ 当对方起左脚朝我们的裆部踢过来的时候，我们可以提左腿，用左腿胫骨格挡，格挡成功之后，顺势用小腿弹踢对方的裆部

图 5-2　三战立

⬆ 三战立是一种双膝内扣、大腿内夹，用大腿内侧的肌肉保护裆部的实战架式

图 5-3　猫足立

⬅ 猫足立是一种便于出腿踢裆以及防御对方踢裆的实战架式

56

如何提高躯干的抗击打能力

当躯干受到击打的时候，可以通过以下三个方法来提高抗击打能力：

①收缩并绷紧腹部肌肉；

②尽可能用更多的肋骨同时承受打击；

③通过呼吸让自己的腹腔膨胀得像充满空气的气球一样。

在了解方法①之前，我们先一起看看腹部肌肉的构造。整个腹部肌肉从表层开始依次是腹直肌、腹外斜肌、腹内斜肌、腹横肌，自外而内共计四层。腹直肌位于腹部正面，两侧是腹外斜肌和腹内斜肌，腹横肌则像一根非常宽的腰带横向覆盖着整个腹部（图5-4）。这些腹部肌肉就像道路两旁用来缓冲汽车撞击的缓冲保护带一样，可以缓冲击打产生的冲击力，起到保护内脏的作用。

道路两旁缓冲保护带的支柱间隔越小、排列越密集，对汽车撞击的缓冲效果就越好。同样，如果腹直肌上下两端连接的肋骨和骨盆前端（耻骨）之间的距离变窄，即腹部蜷曲，就能够强化对冲击力的缓冲作用。当右侧腹部遭受击打的时候，腹部向右蜷缩以增强腹外斜肌和腹内斜肌的收缩力，从而提高右侧腹部的抗击打能力。

当对方击打胸肋部的时候就可以使用方法②了。如果对方击打右侧胸肋部，此时我们立刻蜷缩被击打处的肋骨，肋骨的隙变窄，就能使多根肋骨同时承受打击，降低被击打处肋骨骨折的可能性。

而方法③则像在肚子上缠了层布带一样，通过收缩腹横肌来增大腹腔压力。这样，肚子就像充好气的轮胎可以支撑汽车的重量一样，能承受大到让人意想不到的冲击力（图5-5）。我曾经尝试击打过一位空手道高手的肚子，当我的拳头击中对方身体时，对方"哼"的一声，一股气息从其鼻腔中喷出。就像用拳头砸一个正在放气的气球一样，拳头产生的冲击力随着腹腔的收缩被化解于无形。

图 5-4　保护腹腔的四层腹部肌肉

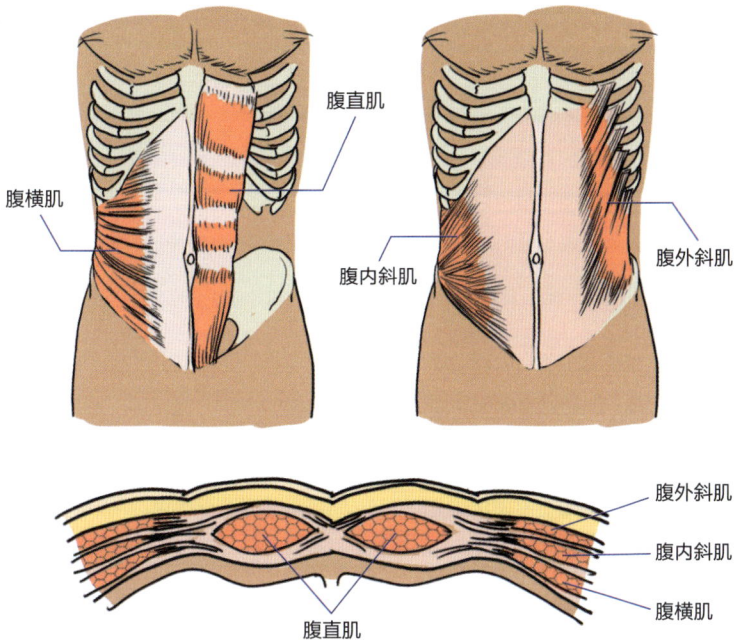

腹直肌

腹横肌

腹内斜肌

腹外斜肌

腹外斜肌

腹内斜肌

腹横肌

腹直肌

图 5-5　通过收缩腹肌以及增大腹腔压力来抵抗击打产生的冲击力

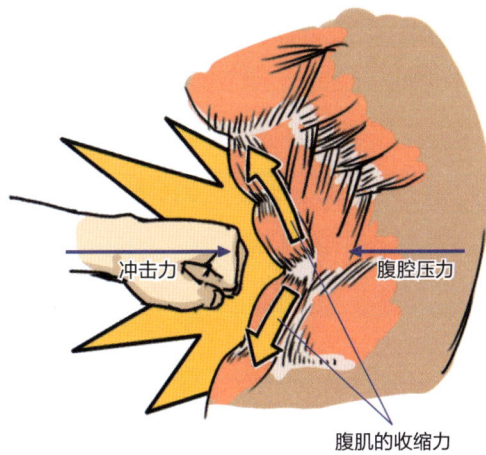

冲击力

腹腔压力

腹肌的收缩力

57

明明拳头击中了对方的面门，而且出拳手也没感觉到被格挡，但为什么击打效果不明显呢

出拳击打，实际上是把手臂伸展的力量（动量）通过拳头瞬间作用到对方的身体（头部或者躯干）上，并对击打部位产生冲击力，这样才能给对方造成伤害。

拳击的防守是用拳套、前臂、上臂和肩膀等抗击打能力较强的部位去抵抗对方的击打的。但也不是咬牙硬扛，而是在被击打的瞬间，将冲击力向其他方向卸掉或者缓冲掉，通过延长冲击力的作用时间来减少身体受到的伤害。但是值得注意的是，在不戴拳套的裸拳对抗中，肩膀之外的部位易被击伤。

拳击中的拍击防守法（Parrying），是把戴拳套的手张开，拍开对方打来的拳头。如果是裸拳对抗，就要用我们的前臂拨挡开对方来拳手的前臂，以改变对方出拳击打的方向。古流空手道则会用经过锻炼的前臂猛地大力磕向对方出拳手的前臂，变被动为主动，反过来重伤对方的攻击手。（图 5-6~5-8）

还有一种格挡技法，只有熟练的高手才能在实战中用出来，那就是在对方的来拳经过我们手腕附近的瞬间，迅速用手腕将对方的出拳手从原来的击打轨迹上挤出去，并将我们的头部隐藏在自己的手臂下面。因为并不是大力格挡对方的来拳，只是使其击打轨迹发生小小的偏移，所以对方**并不会产生自己的拳被格挡出去的感觉**。

此外，拳击中还有下潜躲避（Ducking）和左右摇闪（Weaving）等躲闪技法可以用来躲避对方的进攻，但在实战中，那种贴身而过的躲避方法很难做到滴水不漏，而且一旦失误，后果不堪设想。而上文的几种方法都是将自己的要害部位隐藏在手臂之下，所以相对来说安全得多，而且身体动作更小、更容易保持平衡，还能够更快地施以反击。

中国拳法中还有一种攻防一体的方法，那就是**在对方出拳的瞬间迎上去，一边抬手格挡，一边用格挡手的手肘撞击对方的肋腹部**（图 5-9）。

图5-6 改变对方出拳手的击打轨迹

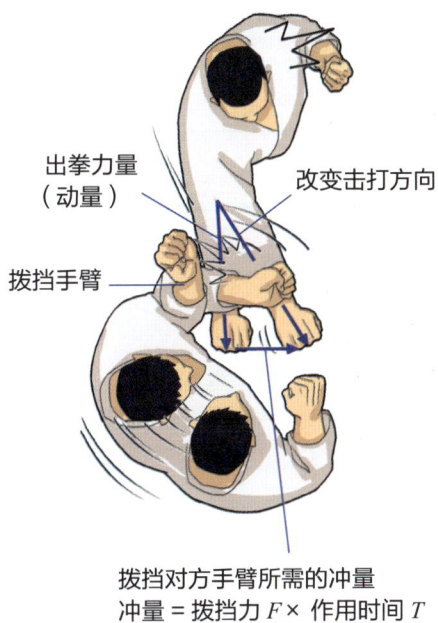

出拳力量
（动量）

改变击打方向

拨挡手臂

拨挡对方手臂所需的冲量
冲量 = 拨挡力 F × 作用时间 T

图5-7 少林寺拳法的应对方法

⬆ 少林寺拳法是通过延长拨挡对方出拳的时间 T 来减弱对方出拳击打的力量，这样即便使用很小的力 F 也能拨开对方来拳

图 5-8 古流空手道的应对方法

↩古流空手道是以极大的力 F 推动前臂瞬间（拨挡时间 T 极短）猛地磕向对方出拳手的前臂，撞开对方的拳头

图 5-9 中国拳法攻防一体的应对方法

↩中国拳法中有一种招法，一边用右手挡开对方打来的右手拳，一边用右肘撞击对方的肋腹部

58

被握力巨大的对手抓住手腕时如何逃脱

有些人仅凭一只手抓住单杠或者铁丝网就能悬垂几十秒。由此可见，人类的手臂可以拉动跟自己体重相当的重量，而瞬间爆发力恐怕要更大。如果被如此巨大的力量抓住手腕，单凭腰胯下坐、手臂后拉恐怕难以逃脱。

手抓单杠，身体悬垂时，手掌处于用力抓握的状态。保持握在手中的东西不脱手的力量被称为**抓力**，抓力是与用握力计测得的**握力形式不同的另一种力**。所以，要想挣脱对方的手，我们需要做到以下三点：

①不要正面对抗对方的抓力，不要试图通过改变手腕位置来挣脱对方的抓握手，而要先集中力量使我们的手腕在对方手中转动；

②牵动对方的手腕向手臂内侧弯曲；

③用我们的手腕将对方的拇指和食指分开。

除此之外，还要有准备动作。弯曲手臂，使手肘紧贴我们的肋腹部，让对方的手臂尽量伸直，这样，我们才能在力量对抗中处于优势，同时也更容易发力转动被对方抓住的前臂。这一点在 Q44 中已有过介绍，此处不再赘述。

当对方出左（或右）手从外侧抓握我们的右手时，首先，我们可以一边用打眼手攻击对方的眼睛以牵制对方，一边迅速上步欺身进入有利位置。然后，以对方抓握手手腕为圆心旋转，将我们的手肘向前用力顶出（图5-10、图5-11）。这就像把一根铁棒插到铁环中，掰扭铁棒就可以扭断铁环。我们的右前臂就是那根铁棒，对方的抓握手就是那个铁环。**随着对方手腕不断向内弯曲，受手臂构造的限制，他的手的抓握力会逐渐消失**（图5-12），最后我们就可以毫不费力地把手腕从对方手中抽出来，整个过程十分有趣，甚至有点滑稽。

图 5-10 小手拔

➊当对方用右手抓握我们右手内侧时，使用挣脱技巧"小手拔"。以对方抓握手手腕为圆心旋转，手肘横着向前顶出，自然就能摆脱对方的抓握手

图 5-11 寄拔

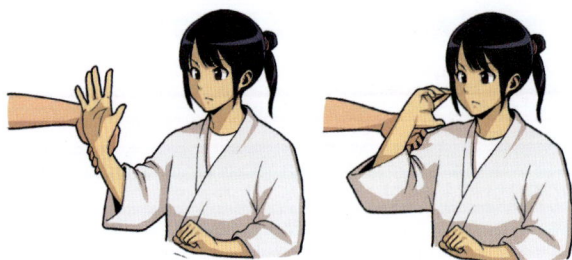

➌当对方用左手从外侧抓握我们的右手时，使用挣脱技巧"寄拔"。这招和小手拔一样，也是以对方抓握手手腕为圆心旋转，不同的是我们的手肘要自下而上向前顶出

图 5-12 指总伸肌的局限

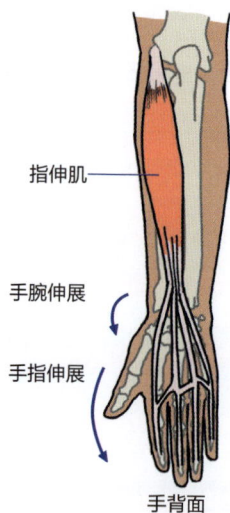

指伸肌

手腕伸展

手指伸展

手背面

➌指伸肌负责控制拇指之外的四根手指向手背一侧伸展或者弯曲。当手腕向着手掌一侧用力弯曲的时候，指总伸肌就会因被拉长绷紧而无法用力，导致手指无法弯曲，手掌也就无法抓握东西了

59

如何应对对方的裸拳击打

Q01 中已经说明过，只有满足以下两个条件，拳头才会对击打目标产生冲击力：

①将拳头（以及手臂和身体）高速打出，使其具备一定的惯性力；

②拳头击中目标并将惯性力全部施加给目标之后骤停。

如果不满足这两个条件，拳头无法产生巨大的冲击力。当对方挥拳打来的时候，最理想的应对方法就是躲开他的拳头。

如果单靠身法移动闪躲不开，就要用自己的手或者前臂去拨挡来拳的手腕或者前臂了，只要用手轻轻拨挡，就能使普通的出拳改变击打方向（图 5–13）。但如果是古流空手道那种借助全身移动的力量打过来的拳头，可就不能只凭我们的手臂力量去拨挡了，这个时候要全身扭转配合前臂格挡才能将对方的击打挡开（图 5–14）。

那么，可不可以既不躲闪也不格挡，而是硬扛对方的拳头呢？

我们还是从上面两个条件入手讨论这个问题。针对条件①，要想让拳头的击打速度接近最高点，就要有最少两拳宽、最多三拳宽的出拳距离。距离过近，拳头不能充分加速；距离过远，拳速就会回落。

所以，虽然我们可以抓住对方出拳的瞬间迅速进步欺身，将对方尚未充分发力的拳头硬闷回去，但是如果掐错时机，恐怕反倒会结结实实地挨上一记迎击拳。如果我们不冒这个险，而是看准对方出拳的时机，及时将头部或者身体从对方预想的击打点抽离，那么即便挨上一下子，也是没什么威力的低速拳，安全性也相对更高。

针对条件②，诀窍是不让对方的拳头垂直打在我们身上。面对来拳，我们要闪身转体，这样不但会降低来拳在垂直方向上的击打速度，还会让拳头从我们身上滑过去而非垂直戳中，这样就能够大幅减小对方出拳击打所产生的冲击力。甚至在对方出拳击打我们的躯干上部时，我们还可以上身前倾，令对方的拳头沿着我们的腹直肌向下滑出去。

图 5-13　拳击中应对击打的一般方法

⬆拳击式的格挡易伤及前臂和肘部

图 5-14　难以招架的击打

⬆有些流派是把全身的力量灌注在拳锋上硬生生砸向对方的，这
种击打很难挡架

60

当对方猛撞过来的时候，除了 Q08 中提到的方法之外还有别的应对办法吗

只要巧妙地将对方冲撞时产生的惯性力（动量）降至 0，我们就能够挡住对方的**身体冲撞**。所以，不去硬扛，而是改变对方撞击的方向，也就是所谓的**卸力**，其实是一种很有效的办法。

假如对方一边大力撞过来，一边伸出右手想要推翻我们。我们可以伸出右手抓住对方的右手手腕，然后顺着对方推撞来的方向往回拉扯，这样敌我双方就进入了 Q44 中所描述的对方的手臂完全伸展，而我们的手臂则弯曲并紧贴自己躯干的对战状态。

接着我们不要用右手硬顶，而是**一边身体右转，一边向我们的右侧拉动对方的右手**。在转身横拉的同时，**右手再加上一个回拉的力**。因为对方是全力推撞过来的，所以很容易就能被拉动。如果顺利的话，对方原本就前倾的身体会被这股力拉得前扑。

另外，根据作用力与反作用力法则，我们向右侧拉动对方的时候，我们的右手也会受到一个来自对方的反作用力将我们向我们左前方拉，而我们正好可以借着这个力，拉动我们的身体向左前方上步。对方此时的注意力集中在自己身体重心被向前牵动这件事上，为了保持身体平衡，对方会第一时间双脚用力站定，根本无暇他顾。而对方的手恰好可以助我们一臂之力，成为我们向左前方上步的扶手。

这样，原本直冲过来的对手却向着我们的右侧冲去。与此相对，我们则可以借力打力，既上步闪到了我们的左前方，又成功转体避开了对方右半身来势汹汹的撞击，敌我双方恰好擦身而过。

至此，我们成功地绕到了对方的背后。我们可以**占据对方右后侧这个有利位置对其施以连续打击，也可以直接攻击对方的后背**，而此时对方却束手无策（图 5–15）。同样，我们还可以去抓对方的肩膀而不是手腕，或者用左手辅助右手摁住对方。

图 5-15　用卸力法反击对方的身体冲撞

①如图中发力方向所示，一边用右手回拉，一边抬左脚向左前方上步。注意，不是横着向左侧跳开躲避，而是跟对方擦身而过

反击

②用左手反击。拉扯对方的手臂，使其身体朝着箭头方向旋转并向斜前方栽倒

61

被对方用摔投技法扔出去的时候，为什么可以通过倒地受身技巧来降低伤害

从力学角度来讲，被对方用摔投技法扔出去摔在地面上，与做自由落体运动一样，都会产生冲击力。根据作用力与反作用力法则，身体施加给地面的冲击力跟地面向身体施加的反作用力大小相等。那么为了减小冲击力，我们按照前文分析打击类技术的章节中总结的增大冲击力的方法进行逆向思考，就很容易找到答案了。

冲击力产生的冲量 = 重力 × 身体撞击地面的接触时间

以下我们将以此为理论基础展开讨论，根据上式可以得出倒地受身的三个基本原则：

①避免让头部（大脑）和身体（内脏）直接受力；

②尽量扩大受力面积；

③延长冲击力对身体的作用时间。

在柔道中，倒地受身时，会用手臂或者脚去大力叩打榻榻米或者垫子。这跟宇宙飞船着陆的时候用火箭喷射器朝地面逆向喷射以减慢降落速度一样（图5-16），只不过取代火箭喷射器向着地面逆向喷射的是我们的手臂和脚，这样就可以降低头部和身体的落地速度。相较于头部和躯干，我们的手臂和脚更加结实，即便狠狠地摔向地面也不会受到多大伤害。值得注意的是，头部，尤其是后脑，绝对不可以直接撞在地面上（图5-17）。

当被对方用背负投扔去的时候，我们要做个前滚翻。前滚翻倒地受身的诀窍是身体放松，向前翻滚并使后背先着地。因为后背与地面接触的时间越长，受到的冲击力就越小。另外，后背面积较大，可以减小地面的反作用力作用在身体上的压强。

但如果地面不是榻榻米或者没有垫子，而是水泥地，那么，即便倒地受身，也要做好承受一定伤害的心理准备。综上所述，由于实战环境不同，有时候摔投技法是非常危险的。

图 5-16　宇宙飞船的着陆

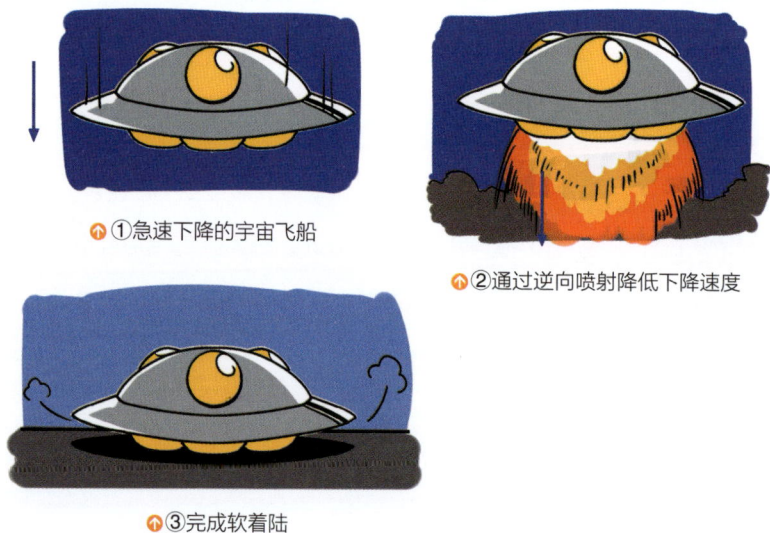

↑①急速下降的宇宙飞船

↑②通过逆向喷射降低下降速度

↑③完成软着陆

图 5-17　倒地受身的做法

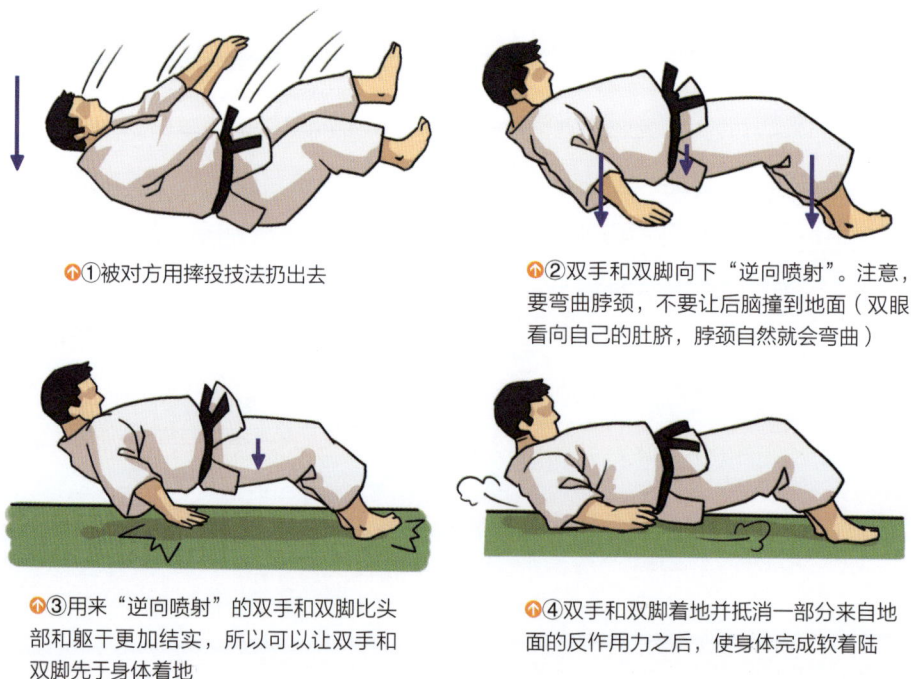

↑①被对方用摔投技法扔出去

↑②双手和双脚向下"逆向喷射"。注意，要弯曲脖颈，不要让后脑撞到地面（双眼看向自己的肚脐，脖颈自然就会弯曲）

↑③用来"逆向喷射"的双手和双脚比头部和躯干更加结实，所以可以让双手和双脚先于身体着地

↑④双手和双脚着地并抵消一部分来自地面的反作用力之后，使身体完成软着陆

第6章 训练和修行的科学

62

在击破表演中经常见到的手刀实战效果如何

首先介绍一下手刀以及手刀的技术要领。手刀所用的是手掌小指一侧肌肉丰隆的部位以及靠近手腕、有坚硬的腕骨在内支撑的掌根部位，特别是腕骨中呈半圆形凸起的豌豆骨（图 6-1）。使用该部位的招法还有前文提到过的掌底打，因为掌根部位并不像掌指关节那样容易感到疼痛以及受伤，所以可以倾注全力用这里狠狠地砸向目标。

在 K-1 这样的比赛中，由于有拳套包裹，所以手刀并无用武之地，但是如果规则允许且手上没有拳套包裹，我们就可以像用里拳一样用手刀去抡劈对方。

手刀的主要击打部位是对方的脖颈、肋腹部、锁骨、眉心、手腕等处。用手刀劈砍人体后脑与脖颈的交界处会给对方造成巨大的伤害，砍中颈动脉则会引起颈部动脉血压突变，从而影响颅内血压，导致对方昏迷（如果仅仅是昏迷还好……）。而以一定角度劈击对方锁骨的话可以硬生生将锁骨砸断。还可以劈击对方的前臂或者手腕，使其疼痛难忍甚至手臂麻痹，从而大幅度削弱对方的战斗力（图 6-2）。

但如此用途广泛、威力巨大的手刀在裸拳比赛中却很少见，原因主要有以下两点：一是，由于致命性过高，几乎所有格斗比赛都严禁击打脖颈；二是，手刀出招时预备动作过大，对方很容易看穿并及时采取防御。

打击系的竞技型格斗术比赛通常是严禁抓拿的。一旦放开了抓拿限制，在对方出拳打来的时候，我们就可以抓住对方出拳手手臂的袖子或者出拳手同侧的衣领，甚至对方的头发，并顺势回拉，使其身体失去平衡，毫无防备地陷入无法抵抗的状态。此时发挥手刀巨大的威力，瞄准对方的要害部位果断出击，定会收效巨大（图 6-3）。从手刀就不难看出竞技型比赛与街头实战的区别，比赛中被判定的有效技法和实战中的有效制敌的技法完全是两码事。

图 6-1　手刀

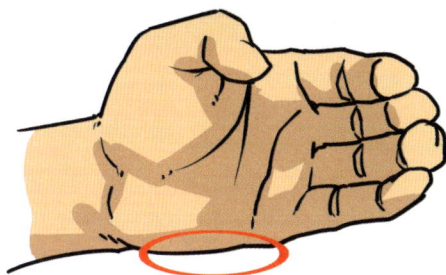

← 手刀所用到的具体部位

图 6-2　用手刀击打前臂或手腕

← 用手刀劈打对方的前臂或者手腕

图 6-3　用手刀击打脖颈

↑ 回拉对方身体使其上身前倾、重心不稳，当对方失去平衡的时候出手刀击打对方脖颈

63

空手道高手常表演手刀砍啤酒瓶，
人的手为什么能"砍断"那么硬的玻璃

手刀一闪，啤酒瓶应声两半，细长的瓶颈一下子飞上半空，紧接着冒着泡泡的啤酒从没了瓶口的瓶子里喷涌而出，这种震撼人心的场面在空手道表演中很常见。实际上啤酒瓶并不是被"砍断"的，而是被"敲断"的。也就是说，手刀砍到的部分并没有断，手刀击打在啤酒瓶瓶颈的端点处，使细长的玻璃瓶颈受力弯曲，当瓶颈的弯曲幅度超过玻璃的强度时，瓶颈和瓶肩的交界处就会不堪重负，发生断裂。如图 6-4 所示，易被敲断的瓶子通常具备以下三个特征：

①瓶颈 l 较长，直径 d 较小；

②瓶肩部倾斜角度很大，从瓶肩到瓶颈突然变细；

③瓶中充满了液体（水或者啤酒）或者很重的沙子。

而能够"砍断"玻璃瓶的手刀则要具备以下两个条件：

④手刀速度要足够快，越快越好；

⑤要用掌根靠近豌豆骨的部位去砍击瓶颈，而不用肌肉丰隆的部位（图6-5）。

从结构学来讲，①和②都使得啤酒瓶瓶颈和瓶肩的交界处很容易发生断裂。特别是有的瓶颈和瓶肩的交界处更加内收，这样的啤酒瓶就更易断裂了。而之所以要满足③，是因为瓶底并不是固定不动的，有重物填充的瓶身会更加稳定，力也更加容易传导。所以装有质量更重的铁粉的瓶子要比装有沙子的更易断裂。

而条件④和⑤则是手刀能够产生巨大的瞬间冲击力的保证。如果手刀的瞬间速度不够快，啤酒瓶就会因受力发生位移，手刀作用给啤酒瓶的瞬间冲击力不会太大。⑤是因为豌豆骨硬度大、作用面积小，所以更适合劈砍。

曾经有位很有名的空手道高手在表演时用手刀"砍断"了瓶肩倾斜度很小的啤酒瓶，估计是因为啤酒瓶瓶肩的玻璃壁很薄，所以仅凭条件④和⑤就足以"砍断"啤酒瓶了。而且当时啤酒瓶瓶肩的断裂面是不规则的，可见手刀并不是将瓶子"砍断"的，而是敲断的。

图6-4　易被敲断的啤酒瓶

瓶口的直径 d

力 F

瓶颈长度 l

使瓶颈弯曲的力 N

瓶颈和瓶肩的交界处 A

向内收束（瓶颈弯曲产生
的应力容易聚集在这里）

瓶肩

为了稳定瓶身，向瓶内填充
了水、啤酒或者沙子等

⏎瓶颈和瓶肩的交界处 A 附近所承
受的力（力矩）$N=Fl$

图6-5　豌豆骨

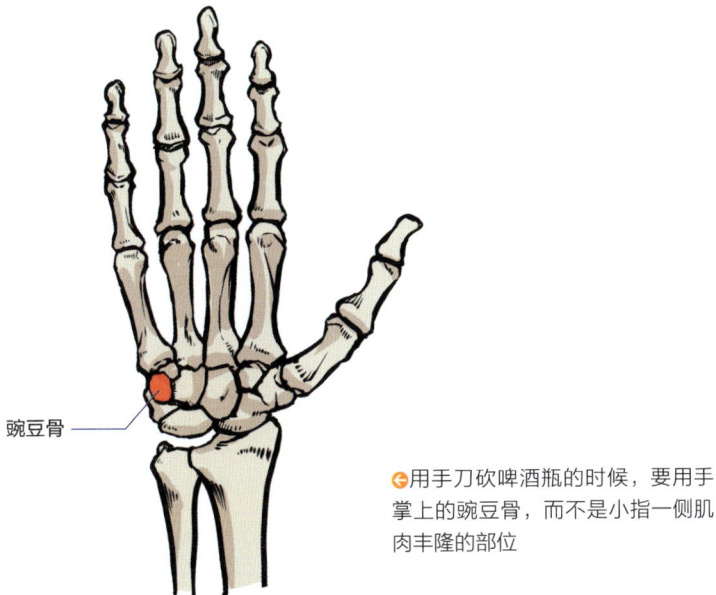

豌豆骨

⏎用手刀砍啤酒瓶的时候，要用手
掌上的豌豆骨，而不是小指一侧肌
肉丰隆的部位

64

为什么拳头能把沙袋打得左右摇晃，打在脸上却没什么杀伤力

前文 Q01 以及 Q02 已经说明过，判断拳头威力的大小主要靠两个指标，一个是代表拳头迅猛程度的最大瞬间冲击力，一个是代表拳头击打沉重感的冲量。另外，即便是同一个人用同一种击打方式打出去的拳，因为击打目标的硬度和质量不同以及目标是否被固定住，击打时产生的威力也有差异。

使沙袋大幅度摇晃靠的是作用在沙袋上的冲量，冲量跟沙袋以及沙袋移动速度的关系可以用下列公式表示：

沙袋质量 × 移动速度 = 动量

冲量 = △作用到目标上的动量

从上式可以看出，沙袋摇晃的速度和作用到沙袋上的动量是成正比的。所以估计击打沙袋的拳速不是很快。但是即便拳速不快，如果出拳者出拳时全身整体具备很大的动量，沙袋也会在如此巨大的动量作用下而大幅度摇晃的。

举个极端点的例子，双臂伸直，用拳头顶住沙袋大步前进也能够使沙袋大幅度摇晃，但是这么做即便打到对方脸上也没什么效果。因为面门仅受到了冲击力曲线上最初那部分很小的力量作用，被向后推动并发生位移，这样就导致冲击力曲线后面的力量，也就是整个身体产生的动量没法继续作用到对方的面门上（图6–6）。

所以，针对面门这样质量较小、移动灵活的目标，要把全身产生的动量在一瞬间全部作用给它，**拳头和前臂要尽量以最快的速度打出去才能奏效**。另外，充分利用肘关节的快速伸展，把拳头像钩子一样抡向目标也能收到不错的效果。

在空手道的击打训练中，用正拳击打吊起来的木板和击打两端被固定住的木板所采用的击打方法也是不同的。相较于面门（头部），木板的质量更轻，也更容易被打飞，所以出拳时要像幅度较大的勾拳一样快速抡动拳头，通过**硬度较大的食指拳锋处（食指与手掌连接处的掌指关节）**把力量瞬间全部作用到木板上。还要注意的是，在击中木板的瞬间，如果拳握不紧的话，木板是不会被打碎的。

图6-6 沙袋摇晃幅度与瞬间最大冲击力和冲量的关系

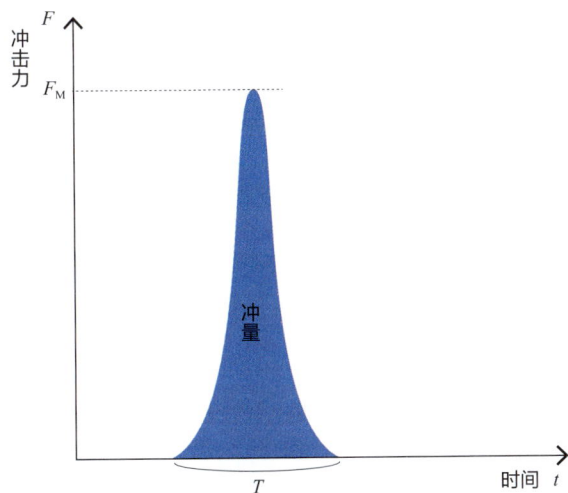

冲击力 F

F_M

冲量

T

时间 t

⬆迅猛的出拳击打时间 T 虽然很短，但其产生的瞬间冲击力却高达 F_M。但因为击打产生的冲量很小，所以沙袋的摇晃幅度也很小

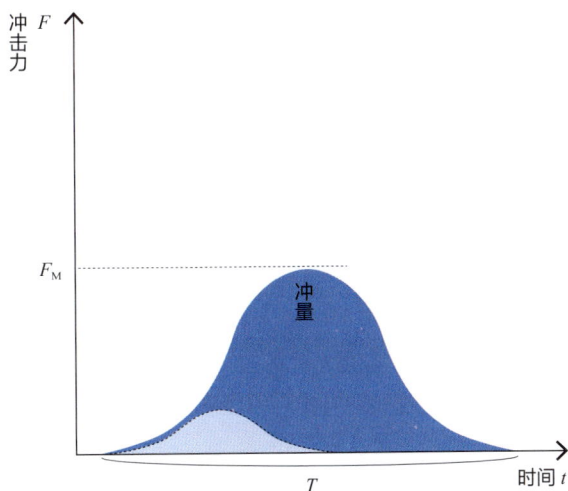

冲击力 F

F_M

冲量

T

时间 t

⬆如果出拳击打产生的瞬间最大冲击力 F_M 较小，即便通过增加力的作用时间 T 使冲量变大，也仅能令沙袋大幅度摇晃而已。这种拳头即便击中头部，也会像图中由浅蓝色部分表示的那样没什么威力

65

对战时，体格壮硕的一方更占优势吗

至今为止几乎所有的竞技型格斗术比赛都会采取体重分级制，仅从这一点就可以看出体格壮硕的一方更占优势。这是因为壮硕的体格意味着有更多的肌肉来释放力量和参与做功。[①]

①肌肉能够产生的力量跟肌肉的横截面面积（肌肉围度）成正比；

②肌肉的工作效率（每秒钟可以释放的力量）跟肌肉的质量成正比。

这是有事实依据的。如图 6-7，我们可以比较一下体型小的 A 选手（身高 160cm、体重 60kg）和体型为其 1.1 倍（身高 =160×1.1=176cm、体重 =60×1.1×1.1×1.1=60×1.33≈80kg）的 B 选手。根据条件计算，B 选手的肌肉横截面面积为 A 选手的 1.1×1.1=1.21 倍，当双方肌肉质量相当的时候，B 选手的肌肉可以释放的力量约为 A 选手的 1.21 倍。如果双方正面拼力气，则 B 选手具有压倒性的优势。而且由于 B 选手的腹部肌群收缩力也是 A 选手的 1.21 倍，所以 B 选手的抗击打能力也约为 A 选手的 1.21 倍。

A、B 双方即便以同样的方法出拳击打且出拳速度相同，由于 B 选手的手臂质量是 A 选手的 1.33 倍，所以 B 选手出拳击打产生的冲量也是 A 选手的 1.33 倍（表 6-1）。由于计算过程十分复杂，在此省略。

除了击打力量和抗击打能力有一定差距之外，当 A、B 二人缠抱在一起摔跤时结果也一样。A 选手要用全身力量去努力摔倒体格比自己壮硕的 B 选手，而 B 选手则正好相反，是在用更大的力量摔更轻的 A 选手，所以在体重和力量上都不占优势的 A 选手恐怕会被 B 选手直接摔翻在地吧。

不过 A 选手至少在速度方面是占有一点优势的。如果双方同样从静止状态开

---

① 比如说，电梯载着重量相同的物体上升，速度快的电梯做功效率更高。处于停止状态的电梯虽然承载着重物并保持不坠落，但因为电梯没有在承载重物的重力方向上发生位移，所以其做功为 0。

始移动到指定位置，A选手所用时间要比B选手少5%左右。再加上A选手臂展更短，所以双方同时出拳击打目标，A选手出拳所用的时间会比B选手快10%。不过，仅仅在速度上快这么一点远不足以弥补A、B之间在力量上的差距。所以在不允许攻击要害的规则之下，从理论上来讲，体格壮硕的一方绝对更加有利。

图6-7　出拳击打的速度与冲量对比

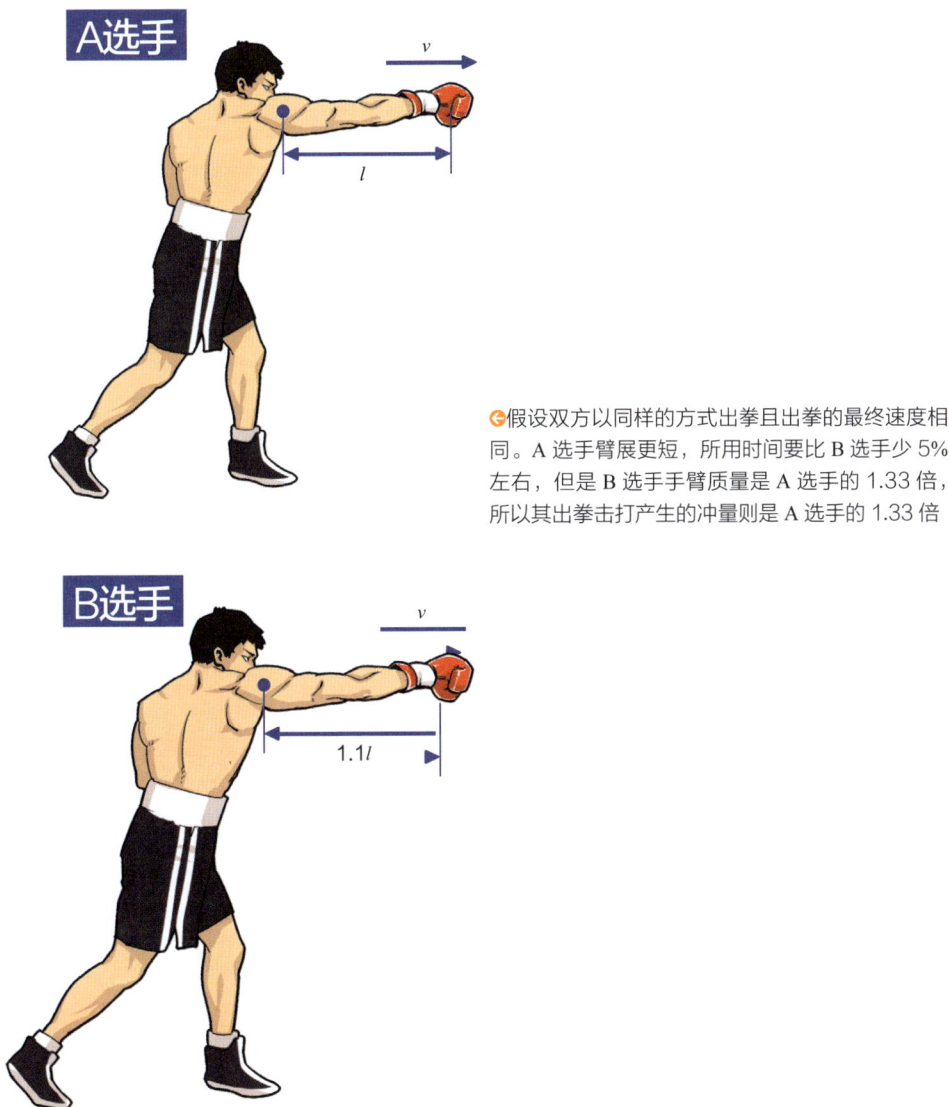

A选手

● 假设双方以同样的方式出拳且出拳的最终速度相同。A选手臂展更短，所用时间要比B选手少5%左右，但是B选手手臂质量是A选手的1.33倍，所以其出拳击打产生的冲量则是A选手的1.33倍

B选手

表6-1　A选手和B选手在身高、肌肉力量、肌肉做功效率以及冲量等方面的对比

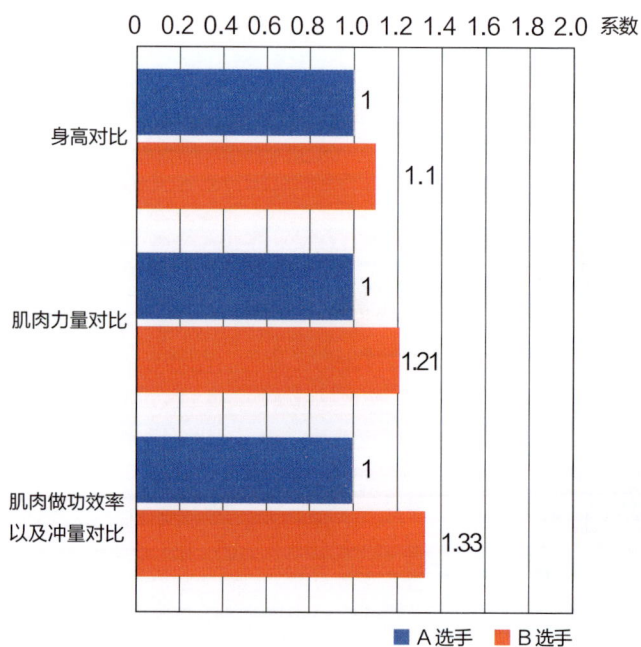

0　0.2 0.4 0.6 0.8 1.0 1.2 1.4 1.6 1.8 2.0　系数

身高对比
1
1.1

肌肉力量对比
1
1.21

肌肉做功效率
以及冲量对比
1
1.33

■ A选手　■ B选手

↑同一个人，体格变壮硕后更有优势，这是毋庸置疑的

66 在格斗比赛中，"靠健美方法练出来的肌肉派不上用场"这种说法是真的吗

人体的力量源自肌肉，所以肌纤维越多力量越大，这一点是毋庸置疑的。肌肉的收缩力跟肌肉的大小（肌肉横截面面积）成正比，做功能力跟肌肉的质量成正比（图6-8）。此外，颈部肌肉以及腹肌块头越大，头部和身体的抗击打能力就越强（图6-9）。因此，通过力量训练使肌肉块头变大（增肌）对于提高格斗能力来说是个很不错的法子。所以，身体瘦弱的人请先去增肌。

效率最高的增肌方法就是健美运动员采用的健美增肌法。对于想要提高格斗能力的人来说，增肌固然是好事，可如果过度热衷于健美增肌，则很容易陷入"对提高格斗能力毫无意义的肌群也一齐变大了"的窘境，原因主要有以下三个：

①用健美方法练出来的肌肉一次仅能调动单独一个关节和少数几块肌肉共同工作；

②肌肉块头过大会造成动作迟钝；

③健美增肌无法增加肌肉弹性。

格斗术中的动作，比如出拳击打，始于下半身，然后身体和手臂依次协调运动，在整个出拳的过程中，身体的许多关节以及控制这些关节的肌群要以极快的速度共同运动、协调发力才能打出迅猛的一拳。另外，前文 Q13 介绍前手刺拳接后手直拳的组合时已经提到过，身体先向出拳的相反方向转动，收缩肌腹和肌腱，然后使肌腹和肌腱像被压缩的弹簧突然释放一样快速张开发力，才能使击打又快又狠。

也就是说，要想打出去的拳威力大，就需要高超的技术以及能与之协同发力的肌群。踢腿也一样，除了需要不断磨炼踢击技术之外，还需要提高爆发力和肌肉弹性的肌肉训练与之配合，二者相辅相成、互相结合才能使踢击威力十足。

图 6-8　肌肉力量与肌肉大小的关系

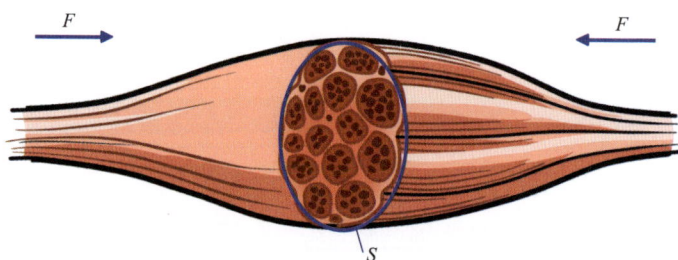

⬆肌肉的收缩力 F 跟肌肉的横截面面积 S 成正比，也就是说，肌肉块头越大，力量越强

图 6-9　保护头部的肌群

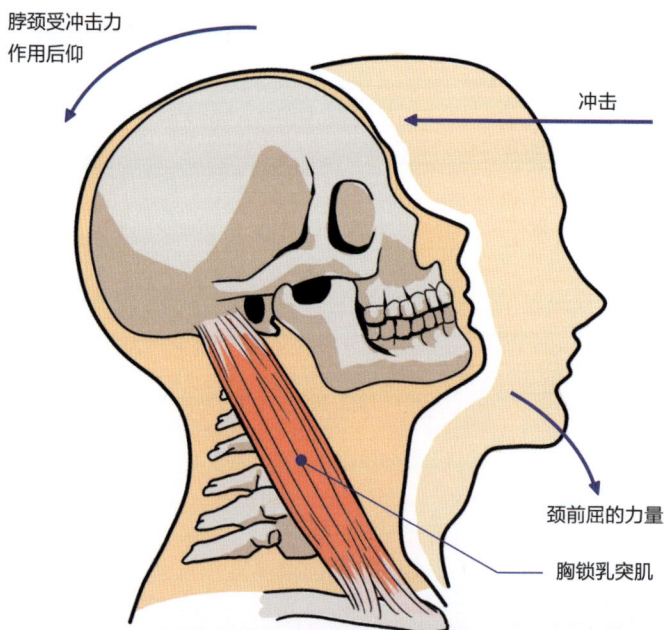

脖颈受冲击力
作用后仰

冲击

颈前屈的力量

胸锁乳突肌

⬆头部不因击打而后仰，要靠脖颈前方的肌群（以胸锁乳突肌为主）收缩产生的颈前屈的力量去对抗来自正面的冲击力。因此，脖颈的肌肉越粗壮，头部的抗击打能力就越强

67

背部肌群真的是可以左右出拳的击打肌群吗

在竞技型格斗术中，背部肌群常被称为击打肌群（hitting muscle）或者重拳肌群（punch muscle），而且就经验上来讲，大多数以重拳著称的拳击手的背部肌肉都非常发达。过去人们普遍认为，背部肌群发达就能够打出力量非常大的重拳，所以将之称为击打肌群。

关于这一点我的解释是，在拳头击中目标的瞬间，为了能把身体产生的惯性力通过手臂全部作用到被击打目标上，支撑手臂（上臂）的肩胛骨要跟上身躯干稳稳地固定在一起，而只有肩胛骨周围的肌肉足够粗壮结实，才能保证肩胛骨的稳定性和击打效果。以上解释虽然有一定合理性，但更加有说服力的是肌肉生理学专家兼空手道高手谷本道哉先生（近畿大学生物理工学部）的研究成果，兹介绍如下。

大力出拳空击时，在手臂完全伸展并达到极限的瞬间，出拳手手臂会有一种紧急制动的回拉感。这股将出拳手手臂向回拉的力量跟控制手臂伸展的肌肉无关，而是由拉动手臂收回的肌肉（背阔肌）被拉抻至极限导致的（图6–10）。被强行拉抻至极限的时候，肌肉就会产生细小的伤痕，当这些伤痕被修复之后，肌肉就会变得更加粗壮，这跟健美运动员练重哑铃弯举（肌肉在练习过程中受到拉抻产生细小的伤痕）来增加肌肉围度其实是一样的，这种刺激可以不断令肌肉围度变大。

也就是说，后背的肌肉其实在出拳击打的过程中基本不起什么作用。但是重拳手们打出去的拳头速度越快，将其停下所需的力量就越大，结果就是背部肌肉也随之越练越粗壮（图6–11）。而如果搞错了个中原理，即便拼命通过引体向上锻炼后背的肌肉，也成不了真正的重拳手。

出拳击打时使用的肱三头肌、三角肌、胸大肌，以及控制扭腰转体、推肩前送的腿部和上身躯干部肌肉才是真正的击打肌群。总之一句话，要锻炼的是整个身体而不是某个局部。

图6-10 背阔肌

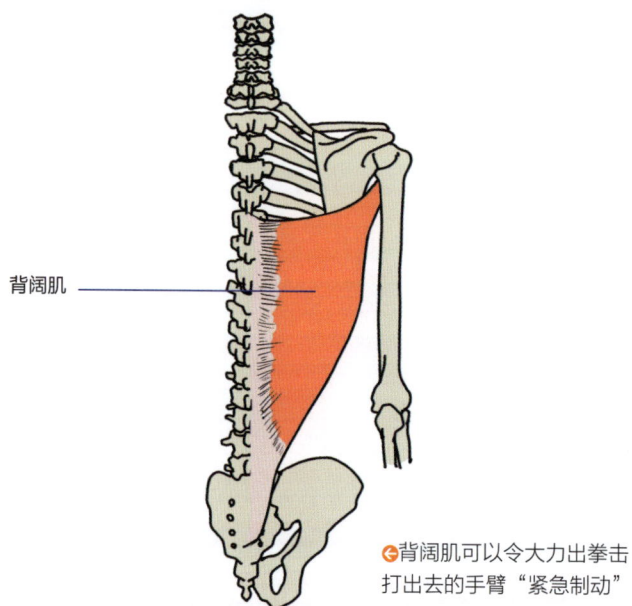

背阔肌

☜背阔肌可以令大力出拳击
打出去的手臂"紧急制动"

图6-11 背阔肌在击拳时的作用

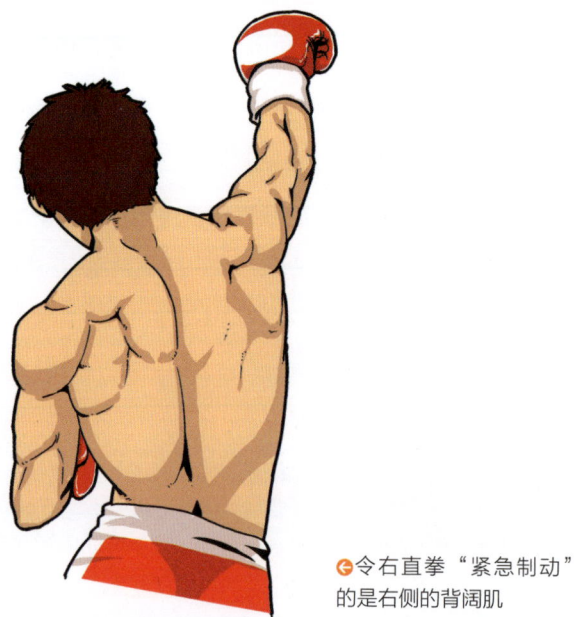

☜令右直拳"紧急制动"
的是右侧的背阔肌

68 Q 为什么有时候遵照高手先贤留下来的文字去做却难以成功

在回答这个问题之前，先重新审视一下我们以高手先贤的心得经验为参照的练功过程吧。

①高手先贤打出一个正确的招式；

②高手先贤注意体会打出这个招式时的身体感觉；

③高手先贤将身体感觉用语言或者文字描述出来；

④我们听到或看到这些语言或者文字后，开始体会和琢磨该招式的身体感觉；

⑤我们开始摸索能产生同样感觉的招式动作。

不断重复④和⑤，直到得出结果⑥，而结果⑥也分为a（成功）和b（失败）两种：

⑥a（成功）：像先贤高手一样正确完成这个招式；

⑥b（失败）：迷失在错误的招式中。

下面我们通过实际例子分析一下。

①高手先贤打出一个正确的招式

双腿的大肌群带动腰部（骨盆）旋转，腰部旋转又带动上身转体（流派不同，转体方式略有差异）。因为肩膀转动的幅度要远超腰部转动的幅度，所以肩膀转动前移的速度要比上身转动的速度快得多。如果能够准确配合转体送肩的时机挥拳，就能够打出强而有力的一拳了（图6–12）。

我所做的研究结果显示，为出拳手手臂加速的能量中有2/3来自肩膀的转动（相当于第一级火箭推进器），剩下的1/3来自出拳手手臂的伸展（相当于第二级火箭推进器）。也就是说，出拳击打所需的能量有2/3来自双腿和躯干上部的大肌群[1]（图6–13）。

---

[1] 详细内容请参照 Q21 一节中的表2–10。

图 6-12　正确的招式动作

⬆空手道正拳的正确出拳方式

⬆出空手道的中段正拳的时候，如果能充分利用转体扭腰发力，就可以将对方打飞

图 6-13　空手道正拳的力量之源

⬆双腿和躯干上部的大肌群是空手道正拳的力量之源

②身体感觉

根据①的解析来看，只有快速有力地扭腰转体才能够产生强而有力的击打，所以扭腰转体就是这个招式里非常重要的身体感觉。

③先贤高手用语言或者文字描述他们的身体感觉

高手先贤根据他们的身体感受将这招的要领描述为"用腰出拳"。

④⑤我们根据描述不断尝试打出正确的招式

根据"用腰出拳"这句描述，我们开始尝试调动腰部以不同的方式发力，并比对其产生的击打效果。

⑥a（成功）

我们产生了和高手先贤同样的身体感觉，而且越练越接近高手先贤的水平，这样我们就会充满信心地将"用腰出拳"这个招式要领分享给其他人或者依此教学。

⑥b（失败）

出招时，所有注意力都集中在腰部，忽略甚至忘记了双腿的作用，无法充分调动双腿的肌群协助发力，所以这样无论怎么调整腰部转体的动作，整体力量也是不足的。另外，如果只专注于拧腰而忽视了转体或者转体意识不强，肩部就会前送无力，从而直接导致出拳威力下降（图6-14）。

那么，问题究竟出在哪里呢？

其实不仅仅是出拳击打，格斗术中的诸多技法都需要全身诸多关节和肌肉整体配合、协调发力，以保证迅速而精准地将其完成，即便是武艺高强、已臻化境的高手先贤也无法从客观的角度一一体悟这些技法的每招每式及所有的动作细节和要领，更不要说用语言将其一一描述出来了。

即便详细地表述出来，恐怕也会因为过于复杂而令人难以理解。所以只能将其中的关键点提取出来，用"用腰出拳"这样言简意赅的语言来描述。

所以对于格斗术学习者来说，最好的学习方法就是一边看着这些高手先贤的实际演示，一边琢磨这招的语言描述。所以，边看演示视频边学，再配合镜子去反复比较和纠正自己的动作，效果可能会更好。如果学习者具备力学或者人体解剖学方面的知识，那么就更加容易理解和体悟这些高手先贤留下的文字了，进步也会更快。

图 6-14 错误理解导致的错误动作

◐出空手道正拳的时候，如果过度关注扭腰转体，就会造成身体上下起伏。如图所示，上图为正确姿势，下图为错误姿势

◐因为注意力过度集中在扭腰上，双腿和出拳手手臂动作脱节，最终导致出拳无力

69

那些能用小腿踢折球棒或者冰柱的人
是如何锻炼胫骨的

　　我曾经亲自寻访过几位能用低扫腿将捆在一起的几根金属球棒一腿踢弯，或者把捆在一起的大号冰柱一腿踢断的空手道高手，他们告诉我，要想结结实实地踢断一根木头球棒，需要满足以下三点：

　　①可以扛着重 100kg 的杠铃做深蹲；

　　②熟练掌握横踢技法；

　　③锻炼胫骨的硬度。

　　①是踢击的肌肉力量基础，②是将肌肉力量转化为踢击威力的必要技术，而③则是为了使胫骨能够承受住来自球棒的反作用力。

　　锻炼胫骨的方法如下：

　　①将几层毛巾垫在胫骨上，隔着多层毛巾用啤酒瓶敲击胫骨；

　　②当胫骨逐渐适应之后，一层一层地减少毛巾的层数；

　　③即便不隔着毛巾，用啤酒瓶敲打胫骨时也不会感到疼痛；

　　④如果继续训练，胫骨的硬度甚至可以达到能够撞碎啤酒瓶的程度。

　　如果过度训练，很可能会引起小腿急性皮下出血或者肿胀发紫。经过反复训练之后，"虽然锻炼过的部位表面上和普通人无异，但实际上却结实异常、硬度奇高，而且对疼痛的忍耐力非常高"（图 6-15）。估计这是因为长期锤炼使得骨密度变得非常高。

　　如前文所述，体型巨大的相扑力士也会通过用额头咣咣地撞击粗壮的铁炮柱来锻炼他们的头槌，在长年累月的训练中反复让额头皮下出血再痊愈，使得自己的头槌越来越有杀伤力，为的就是在跟对手甫一交锋时的头槌对撞中不落下风。普通人挨这一下，恐怕就要头破血流了。由此可见，要想练就一副斗士那样金刚不坏的躯体可不是一朝一夕就行的。

图 6-15　空手道高手表演一击踢断多根球棒

↑踢断棒球球棒或者冰柱这种事只有长年累月的锻炼铸就的身体才能做得到
摄影：須佐一心

70

因为体能不继而无法坚持下去，这要怎么办

　　以下的事情是我从一个非常有名的全接触空手道道场的门人口中听来的。道场开业第一天，包括这位门人在内，一共有大约 100 人报名。经过第一天艰苦严格的训练，大家都累得要死，回到家里倒头就睡，一夜无话。他第二天醒来，全身酸痛，躺在床上几乎动不了。最后怀着必死的决心、拖着疲惫的身体硬撑着来到道场，结果发现连他自己在内一共就来了 3 个人。

　　据他说，经过那样严苛的训练之后，还能留在道场的人仅有百分之几而已。但即便这样，除了肌肉锻炼之外，用木棒互相击打来训练抗击打能力，甚至仰卧着用腹部承受 1 米高的膝跪击打等严苛的训练方式还在不断逼得剩下这百分之几的人打退堂鼓。后来这位门人的功夫相当好，但他最后也不得不终止了自己在这家道场的全接触空手道修行，因为随着年龄的增长，身体的恢复能力越来越跟不上这种高强度的训练了（图 6-16）。

　　在这样的道场里不断变强并坚持到最后的，恐怕只有极少数**天生骨骼结实、肌肉发达、内脏循环功能（身体恢复能力）超常的人**，如果不是天赋异禀，到了一定训练程度之后，即便心有不甘，严重超支的身体也会逼着他们自动退出。退出后，如果仍对全接触空手道热爱至极，可以转投那些训练强度稍低并可以根据个人水平进行私人指导的道场，再者就是**转而学习那些相较于个人体能而言更加注重技艺训练的格斗术或者传统武术**。有些人喜欢学习那些能在比赛中斩获佳绩的技法，也有些人喜欢通过修习那些不受现代竞技规则限制的传统武艺（比如护身术）来体悟其中的苦乐和道理。但是无论选择哪条路，只有作息规律、睡眠充足、营养摄入均衡，时刻注意身体健康方面的变化，才能收获武道带给我们的安身立命、养生健身的效果。

图 6-16　体能强度和可承受训练量之间的关系曲线

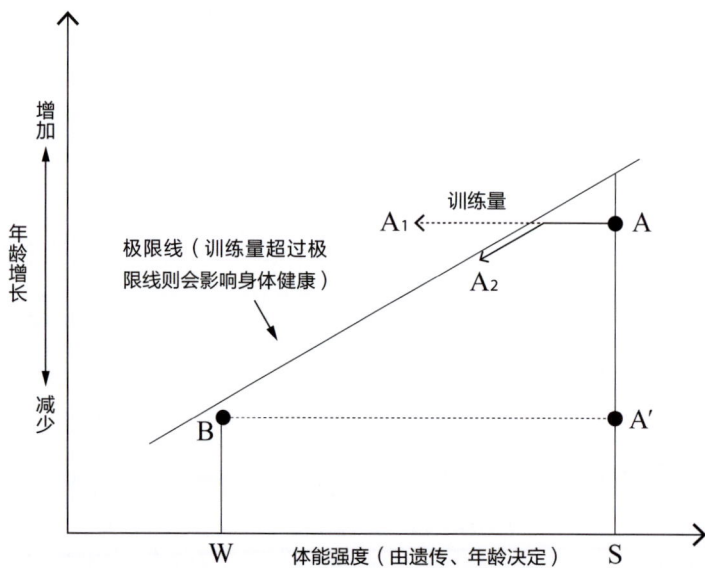

⬆️天生强健的 S 可以轻松完成的训练量 A′，对于孱弱的 W 来说，却是接近极限的量了。即使是 S 本人，随着年龄的增长，训练量 A 也越来越难以完成，勉为其难则会对身体造成损害（A_1），所以训练量只能降为 A_2

71

空手道通过击打绑着草绳的木头来锻炼出拳，这真的能让拳头更有威力吗

　　不仅是拳头，只要我们击打目标，对目标产生了冲击力，根据作用力与反作用力法则，我们的身体就要承受对等的反作用力。我们的拳头击中硬物会疼也是因为拳头受到了反作用力。**对于任何一门格斗术来说，锻炼拳头使其能够承受住击打带来的反作用力都是绝对必要的**。空手道会通过击打一种绑着草绳的木头来锻炼拳头的硬度。

　　拳击手在打沙袋之前会缠上绑手带，再戴上拳套，不过他们不会用拳头去击打绑着草绳的木头。少林寺拳法注重攻击人体的各处要害，所以练习者会用拳头在木地板上做俯卧撑来锻炼拳头的硬度，但是也不会去击打绑着草绳的木头。中国拳法中的铁砂掌是用手掌、指尖去击打装着铁砂的布袋子，或者用手去插木桶中的豆子，但是好像也不会击打绑着草绳的木头。

　　这种绑着草绳的木头在日语中被称为"卷蒿"，属于一种很古老的训练器械。由于流派或者师承不同，有的人非常重视击打卷蒿，甚至会连续击打一整天，有的人根本就不怎么练习击打卷蒿。不过，击打卷蒿确实可以使手骨不断变粗、骨密度不断增大、拳头越来越结实，还会使拳锋处结出厚厚的老茧[1]。这些老茧不会增加拳头的硬度，但是却可以成为缓冲层，分散掉施加在手骨（主要是掌骨的掌骨头）上的反作用力。

　　击打卷蒿还有许多更加重要的作用。Q17 已经说明过，空手道的正拳一方面要通过步足突然拉近我们与击打目标的距离，使我们瞬间进入适合用正拳击打的位置，另一方面要将身体向前移动产生的动量通过裸拳直接打到击打目标上。因此，在出正拳击打目标的瞬间，顺畅而精准地完成整体的击打姿势，拳头、躯干上部的相对位置，手腕、肘关节的击打角度，双臂夹肋等这些出招要领是至关

---

[1]　译者注：日语称其为"卷蒿腿（茧）"。

重要的，另外还要增强全身的肌肉强度，以便其在出拳击打的瞬间承受住来自击打目标的巨大反作用力（图6-17）。仅靠击打卷蒿这一项就可以**一并完成如此众多的训练内容**，何乐而不为呢？所以说，击打卷蒿的意义并不仅仅在于强化拳头硬度这一项。

图6-17　击打卷蒿训练

⬆️只有保证出拳姿势正确，全身肌肉协调配合、共同发力，空手道的中段正拳才能发挥出其真正的威力

72 拳击的步法不仅仅是跳来跳去吧

很多人认为拳击是以快速的步法跳来跳去来迷惑对手的，这其实是完完全全的误解。

拳击步法（foot work）（图 6-18）的作用主要有以下两点：

①调整距离（自己与对方之间的距离）；

②调整角度（自己与对方之间的角度）。

对于打击技来说，①就是进入适合发动攻击的距离内。如果击打距离过远，要么根本打不到，要么因为手臂过度伸展导致出拳击打无力。比如说，对方身材高大（臂展更长），这就需要我们突破对方威胁性较大的直拳击打范围，用前滑步（step in）迅速拉近敌我之间的距离，跳入适合我们贴近对方、发动攻击的击打范围之内。而撤出的时候，为了避免被攻击，也要利用快速的后滑步（step back）迅速逃离对方的击打范围。

仍以对方身高臂长为例，当对方出右手拳的时候，我们再看看作用②的效果。因为对方的击打角度是自上而下的，所以我们很容易被对方居高临下地连续击打。我们可以采取的一个对策就是，一边向左侧变线移动（side step）以避开对方直拳的击打轨迹，一边向左扭腰转体，为接下来的左勾拳反击蓄力，紧接着从对方的死角方位打出一记左勾拳进行反击（图 6-19）。

像拳击这样膝关节伸展、脚跟上浮的步法虽然进退如风、灵巧快捷，但是在双脚跳起的瞬间什么都做不了，只有在双脚落地、身体下沉的瞬间，拳手才能发动攻防。因此，如果能判断出对方的攻防节奏，不但可以通过预判及时采取防守措施使对方的攻击落空，还能趁着其身体上浮的瞬间冲进来打他个措手不及。另外，拳击的步法还很容易被足拂 ① 或者下段踢钩倒或踢倒。所以在开放摔投技法的比赛中，整个脚掌稳稳地踩在地面上的步法更加有效。

---

① 译者注："足拂"是柔道中一种通过用脚扫踢对方支撑腿使其失去平衡或者摔倒的技法。

图 6-18   拳击步法的生理原理

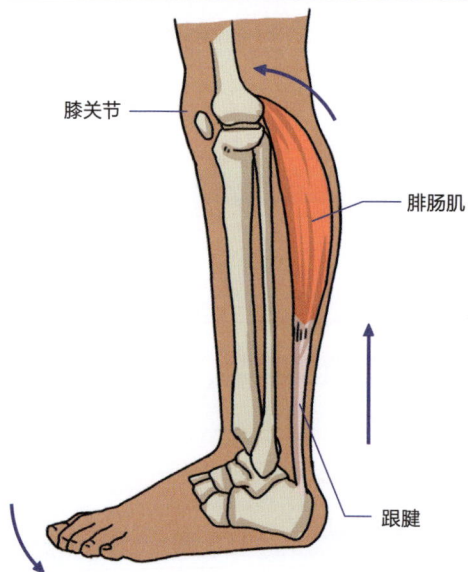

膝关节

腓肠肌

跟腱

⬆膝关节伸展时，跟腱会随之收缩并拉动脚跟上抬，使整个身体只用前脚掌站立，拳击步法就是利用这个实现快速连续跳跃的

图 6-19   变线移动的优势

⬆变线移动可以在躲过对方攻击的同时为反击做准备。变线移动之后，我们的身体姿势恰好适合出拳反击，而对方则处于一击挥空的不利位置，全身上下漏洞百出

73 向上格挡对方来拳的同时从腰间出拳反击，这种固定的空手道攻防套路在实战中能用得上吗

其实不仅是空手道，日本古流剑术中的很多固定攻防套路都是不能原封不动地照搬到实战中去的。而反复练习固定攻防套路的目的之一，是掌握和理解该流派武艺所独有的战斗方式。

根据情况见招拆招、随机应变才能将这些招法用于实战攻防。特别是空手道，只需将套路中的动作稍加变化就能在打斗中收到良好的效果。之所以不轻易向门人弟子公开，不过是为了守住这些危险招法中所包含的秘密罢了。

举个例子，拳击中最有名的前后手直拳连击（One–Two），如果我们原封不动地照搬空手道的套路来应对这种又快又狠的组合拳，恐怕就要遭殃了。比如说，当我们用左手向上格挡对方的第一击（One）之后，按照套路，接下来是用右手正拳反击，但恐怕在我们腰间的右手正拳打出去之前，对方的后手右直拳已经抢先招呼到我们空当大开的面门上了（图 7–1）。**实际上这招的真正用法是出左手向上格挡，同时用格挡手的拳锋或者掌根直接戳对方的面门**。在实战中，这招的攻击节奏并不是"先挡后攻"的两拍子，而是"格挡即进攻"的一拍子，这样就能抢在对方发动第二击之前击中对方，从某种意义上来说，这也是一种迎击拳，而强有力的右拳则作为杀招，在对方露出破绽或者畏缩后退的时候再使出来。

这招还有一种用法是，左手向上挡开对方前手直拳，然后顺势抓住对方的头发或者衣服，一边回拉，一边上步欺身、出右拳反击（图 7–2）。在空手道中，出右手正拳击打的同时左手将对方向怀中回拉是非常重要的，训练套路也与此相同，一手握拳打出、一手攥拳回拉，其真正的用法是在左手抓住并大力回拉对方的同时出右拳击打。左手的拉扯令对方身体前倾、失去平衡，除了削弱对方的防御力之外，还兼具了迎击拳的威力，做到一击必杀。

这招甚至还可变化为，左手将对方的前手直拳向外旋转着拨开，进而用手臂

缠住对方的手臂并以一种特殊的手法抓住他，然后一边控制对方的左手，破坏对方身体平衡，使对方难以打出第二记右手后直拳，一边上步欺身接近对方。

图 7-1　照搬套路的结果

⬆如果完全照搬套路中的用法，用左手向上格挡对方的右手刺拳，那么就会被对方紧跟着的第二击直接打在面门上

图 7-2　格挡即进攻

◄在实战中，左手格挡的同时顺势把拳头杵到对方的脸上

◄一边用左手回拉对方，一边出右拳击打对方，不只身体，其实打脸也是个不错的选择

74

戴拳套的格斗比赛和裸拳打斗有什么不一样吗

对于习惯了戴拳套参加比赛的拳击手或者即便裸拳上阵也不可以重拳击打头部的全接触空手道选手来说，当参加允许裸拳击打头面部的比赛时，他们会因为突然变远了的对战距离而无法进入适合他们的击打范围，有效出拳击打的次数也随之骤减。究其原因，主要是有两种恐惧感在他们心中隐隐作祟。

一是在防御的时候害怕面部受伤或者牙齿被打掉，二是进攻的时候害怕拳头用力过猛或者击打位置不正确导致手骨骨折，比如说，当拳头撞到对方坚硬的牙齿上时指骨就有可能骨折。

在竞技型格斗比赛中，是否戴拳套以及拳套的大小都会对比赛结果产生非常大的影响。当双方都戴拳套的时候，如果一方将手挡在面部前方，另一方即便出拳击打，也是拳套先碰撞到一起的，所以戴上拳套的拳头其实很难结结实实地打在面门上。而不戴拳套的话，小小的拳头就能很容易穿过防御手臂之间的空隙打到对方脸上（图 7-3）。

此外，拳击中还有一种具有代表性的阻挡防守法（blocking），就是用戴着拳套的手挡在自己的面前以抵御对方针对头部的连续击打，如果对方改为击打我们的身体，我们则用胳膊肘或者前臂格挡。但是在裸拳对抗中，只要拳锋正面砸在防御的手臂上，就会对手臂造成不小的伤害（图 7-4）。可以想象一下，击打卷蒿锤炼出来的拳头正面戳在防御手臂上，恐怕这一击会让这条手臂连抬都抬不起来。

所以，在古代空手道中，多数防守方法是主动用前臂拨开对方的击打，而不是消极地用手臂挡在面前。反过来，习惯了裸拳对阵的空手道修炼者戴上拳套跟拳击手较量的时候，因为无法发挥技术优势而陷入苦战的也不在少数。当然，拳击手如果裸拳对阵的话，恐怕也会因为瞻前顾后而难以发挥出真正的实力。

图 7-3　拳头穿过空隙

⬆在裸拳对抗中，用拳击的防守方法来应对空手道的正拳击打是十分不利的，因为比拳套小得多的拳头可以轻易穿过防御的双手之间的空隙

图 7-4　用手臂格挡裸拳的结果

⬆在裸拳对抗中，如果用拳击的防御方法直接格挡空手道的正拳，格挡的手臂恐怕会受伤

75

如何对付手持利刃的对手

通常，竞技型格斗术设想的对手都是徒手的，一旦对方训练有素、手持利刃，形势会对我们极为不利。因为即便很轻的刺击也会对我们造成非常严重的伤害，因此我的建议是立即开足马力逃跑。不过逃跑也要讲究策略，比如可以先抢动上衣、挎包甚至腰间的皮带抽打对方以拉开敌我之间的距离，然后看准机会马上转身逃跑，如果是在闹市区，则可以随手抄起玻璃瓶或者路边的灯箱砸向对方，然后转身逃跑。赤手空拳地面对精通器械的对手无异于自杀。

如果对方是普通人，以下这个办法可能会帮到大家。左脚在前、右脚在后，身体成 45° 角对敌，双手放松置于体前，双手手掌挡在面前，两肘护住前胸（特别是心脏位置）。注意，如果**手掌朝向对方，手臂内侧的血管会直接暴露在对方的利刃之下，所以应当手背对敌**。从持械者的角度来看这个架式，置于体前的我们的双手成为挡在面门、脖颈、胸部等要害部位的屏障，对方难以下手，所以就会选择攻击腹部。

接着，保持双脚位置不变，躯干上部左转，正面朝向对方并故意把腹部要害暴露给对方，然后将身体重心移动至位于身体右后方的右腿上。这样，我们通过把腹部作为诱饵暴露给对方，变被动为主动，通过心理暗示引导对方把**攻击方向和攻击目标限定在我们的腹部区域**。

随后抓住对方持械刺向我们腹部的瞬间，立刻身体右转，一边使躯干上部恢复为呈 45° 角对敌，一边将身体重心由右腿前移到左腿上。同时出动保护面门的双手，**右手自上而下抓住对方持械手的手腕，左手或者左手前臂从外侧向对方的肘关节猛然发力挫压**。到这一步，占据有利位置的我们可以发力折断对方的手肘，或者通过掰扭对方的手臂将对方摁倒在地（图 7-5）。不过完成这一切的前提是面对对方手中的利刃，我们能够战胜恐惧并时刻保持冷静。

图 7-5　应对持刀的普通人的办法

⊙如果以手掌以及前臂内侧对敌，前臂以及手腕血管有可能会被砍到

➡以手背及前臂外侧对敌，双手护住面门，双肘挡住胸部（特别是心脏），将腹部空出来，引导对方攻击我们的腹部

⬆右手自上而下抓住对方的手腕，用左手或者左前臂从外侧向对方肘关节突然发力挫压

在竞技型格斗术比赛中严格禁用的传统武术（古流空手道）的招法真有那么大的威力吗

　　竞技型格斗比赛认定的禁用招法基本是一些会对选手身体健康甚至性命造成严重威胁的招法，或者是因为过于残酷而难以被社会伦理道德所认同的招法。但是有一件事是无法否认的，那就是**这些禁用招法在实战中具备压倒性的优势**。反过来说，竞技型格斗术比赛中所允许使用的都是安全性相对较高的招法，规则所允许的击打部位也都是可以通过锻炼来强化的身体部位。

　　说得极端点，传统武术的技法是为了高效率杀伤敌人而创造出来的，所以会有一些违反比赛规则的禁招。比如说，高踢腿在竞技型格斗术比赛中属于效果显著的常用招法，可一旦比赛允许起腿**踢裆**，恐怕没人敢乱用高踢腿了，因为只要是男人，谁都晓得裆部要害被击中的恐怖（图 7-6）。

　　除了裆部要害之外，无法通过锻炼而强化的人体部位还有**眼睛、咽喉、后脑、颈窝点**等（图 7-7）。各位读者可以用指尖轻轻戳一戳自己身上的这些位置，特别是左右锁骨连接处的颈窝点，这里被按住是非常痛苦的。此外，跟掐住颈动脉一样，卡住咽喉也一样会令人痛苦不堪。大家试着用手轻轻地从各个方向击打颈部就会发现，不仅被击中的位置疼痛难忍，连脑袋也会随着击打而嗡嗡作响，甚至一片空白。轻轻击打尚且如此，如果打在这些部位的是千锤百炼的**贯手**或者**手刀**（图 7-8），甚至是坚硬且锐利的**手肘**，那可真的就成了"一击必杀"了（图 7-9）。

　　此外还有其他伤害性极强的招法，比如说，用脚外侧的足刀从正面铲踢对方的膝关节，用正蹬腿踢击对方的小腹，或者避开坚韧结实的腹直肌踢击对方的侧腹部，都会给对方造成巨大的伤害。还有专门瞄准骨盆正面下方的缺口部位进行击打的招法，由于杀伤力过大，这里就不详细叙述了。所以说，有规则保护的比赛才是安全而有趣的。

图 7-6　中国武术对付踢法的招法

⬆对付踢法，中国武术通常是一边接住对方踢过来的腿，一边抬手攻击对方裆部要害并顺势将其向后撞飞

图 7-7　攻击难以通过锻炼来强化的部位

⬆日本少林寺拳法中的里手打

图 7-8　用于击打要害部位的手法

⬆鸡嘴。用来击打眼睛或者喉结这样柔软或者脆弱的要害

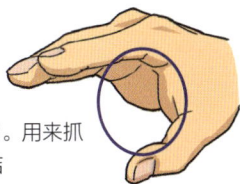

➡刀锋。用来抓拿喉结

⬆贯手。用经过锻炼的手指去戳击面积较小的要害部位

图 7-9　一击必杀的肘击

⬆从这个角度肘击对方的头部那可真就成了"一击必杀"了

在实战中如何一打多

源于日本、发展于巴西的格雷西柔术虽然号称"最强格斗术",但是有一个大前提,那就是只能在 1 对 1 打斗中才能发挥威力。因为格斗比赛所认定的打斗形式和比赛规则普遍都是 1 对 1,因此,以比赛为背景发展出来的竞技型格斗术在一对多的乱斗中很难发挥优势。

而在生死战场上发展出来的古代武术则必须把一对多列为一种极有可能发生的战斗情况加以研究。曾经有一位太极拳高手受邀到大学里的道场讲学,当时包括我在内的三个武术爱好者一起围攻他。围攻开始的时候,这位高手嗖的一下窜到我面前,接着下一秒人就消失了,在跟他擦身而过的瞬间,我的要害部位就挨了一下子(图 7–10)。如果是出手不留情的实战,恐怕我就被放倒了。

据说这位高手曾经被数十人围起来,结果短时间内他就打倒十几个人顺利逃脱。接下来我就解析一下他一对多的实战经验和心得体会。

一对多的时候,首先要明确包围自己的这些人所在的位置,找到容易突破和逃脱的方向。然后突然快速接近处于这个方向的敌人并先发制人,攻击时尽可能使用威力巨大的迎击招法。另外注意,如果一击得手,最好能**把这个敌人摔向下一个可能攻击自己的对手,用被击倒的敌人的身体做盾牌护住自己,这样就不容易陷入同时被多人围攻的困境了。**

以上所述虽然是精于打斗的武术高手才能做到的,不过对于我等凡夫俗子来说,如果真的被多人围攻,也可以依葫芦画瓢地效仿一下。假设对方有两个人,一个跟自己不相上下,另一个较弱。那么可以抢先出手,一击放倒较弱的那个,然后再跟剩下的另一个人单独较量。如果没有信心能够将较弱的那个一下子击倒,那么最好的办法就是尽量避免被他们拖入一场注定赢不了的打斗中。

图 7-10 太极拳高手面对围攻时的应对方式

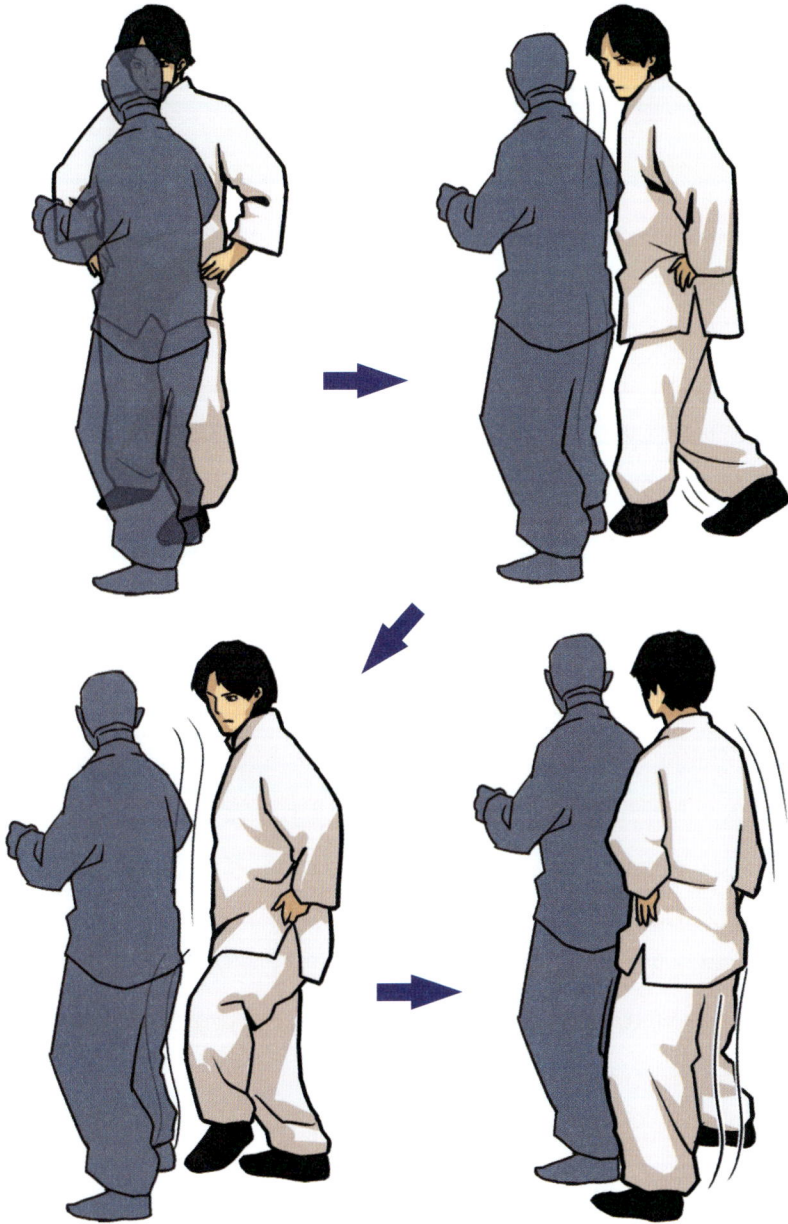

⬆一边转体一边移动的太极拳步法（池田秀幸老师演示）

78

普通人有可能打赢格斗选手吗

从理论上来讲，徒手情况下普通人是绝对打不赢格斗选手的。但是也不排除一些特殊情况，比如说，不通武艺但身体健硕的橄榄球运动员对阵小级别的竞技型空手道选手或者轻量级拳击手。通常情况下，擅长打击系格斗术的选手虽然能够躲闪开拳打脚踢，但是面对猛然间撞过来的巨汉也会一时难以应付，而橄榄球选手最擅长的莫过于飞身扑倒抱球狂奔的对手了。

双方一旦开打，格斗选手在被扑倒之前虽然可以对橄榄球选手拳脚相加，但恐怕也就是一两击而已。而这很难对脖子粗壮的橄榄球选手的大脑产生足够的震荡，反过来，进入亢奋状态的橄榄球选手即便牙齿断裂、鼻血四溅，也不会感到疼痛异常或者失去斗志。一旦双方同时滚在地上并扭打在一起，体力更强的橄榄球选手可能更占优势（图 7-11）。不过从严格意义上来讲，橄榄球选手是不应该算作普通人的。

那么，手持小刀的普通人对阵手持日本刀、精通剑术的人，结果又如何呢？当然绝大多数情况下胜出的是精通剑术的一方。但是精通剑术的人也有弱点，那就是要面对什么都不懂的普通人有时候会做出一些 "**精通剑术的人绝不会去做的、让自己陷入困境**" 的事。

比如说，普通人在极端心理状态下，可能会赤手空拳抓住日本刀刀身并用小刀去捅对方。这种两败俱伤的打法正好钻了**正常人为了避免手受重伤而不会抓刀**这种思维定式的漏洞（图 7-12）。

曾经有位精通中国武术的高手跟我介绍过他的经历。他有一次跟一群普通人发生了冲突，对方打头阵的人上来就抓他的前大襟，结果被他一击打昏，但对方因为失去知觉，倒地时抓住他前大襟的手并没有松开，他就这样被拉翻在地。紧接着一群人一拥而上，瞬间就把他围了个水泄不通并狠揍了一顿。

图 7-11　轻量级拳击手对阵橄榄球运动员

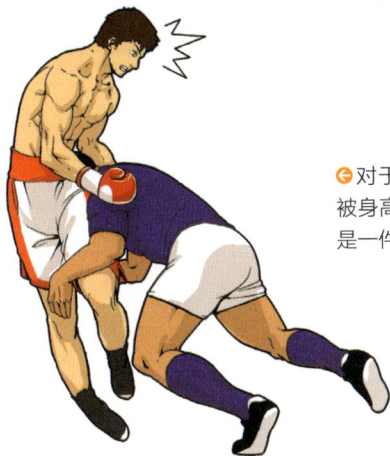

◐ 对于体格较小的轻量级拳击手来说，被身高体健的橄榄球运动员拦腰抱住可是一件非常棘手的事

图 7-12　如何应对上手抓握刀刃

➔ 正眼之构是日本剑术中常用的实战架式，但是如果对方完全不怕手掌重伤，恐怕会直接上手抓握刀刃

◐ 自右向左的架式依次为下段构、胁构、八双之构，这三种架式都可以防止刀身被对方抓住

79

既然徒手无法对抗手持利刃的对手，那么使用简单的武器可以吗

　　当面对手持利刃的暴徒时，如果你手中有一根长 30~40cm、重 100~200g 的短棍，那就太理想了，实在找不到的话用杂志或者宣传册子紧紧卷成一根纸棒子也能抵挡一阵。因为纸张的原材料是木头，所以如果将其紧紧卷住也能产生相当于木棒的威力。

　　我们可以用这种纸棒子拨挡对方的刀，如果戳击对方的面门（眼睛或者鼻子）或者裆部要害，其威力也着实不小。

　　另外如果看准时机，用这根纸棒子猛地叩击对方持刀手靠近手腕的部位，特别是桡骨近拇指端，瞬间就能打得对方手腕麻痹、利刃脱手。不过在持棍击打的时候要注意以下几个要领。

　　如图 7-13，在持棍对敌的时候，死死攥住棍棒用力敲击目标未必有多大的威力。要想用棍棒打出杀伤力，击打时手腕要保持放松、用手掌轻握棍棒（①），挥棒击打时要像挥动锤子砸钉子一样向下敲向目标。这样，手中的棍棒会以极快的速度打向目标。熟练了这种抡击之后，仅凭**手腕和小臂的扭转就能够快速而连续地操控棍棒不停地纵向旋转**（②），这样无须大幅度地挥动也能为手中的棍棒加速。

　　这种手法可以控制棍棒沿前臂的外侧或者内侧自由快速地纵向旋转（②'、③）。因为不必大幅度挥动整条持棍手臂，所以对方难以察觉持棍手的动作，这就便于我们对目标发动隐蔽而迅捷的连续击打。**击打时要注意，在击中目标的瞬间，手掌上的大鱼际附近要突然发力向前推动棍棒，同时四指猛然向后发力握紧棍棒，这样可以让抡出去的棍棒突然加速打向目标**（④）。而且如果一击效果不明显，可以马上以同样手法重复多次，对目标施以连环击打。

　　如果对方手中的利刃被棍棒打掉，恐怕会直接冲上来跟我们撕打在一起，这时就要马上改变持握棍棒的方式，牢牢攥住并用小指一侧露出的短头猛凿对方的脖子或者咽喉，这样就能重伤对方。

图 7-13 持棍对敌的具体招法

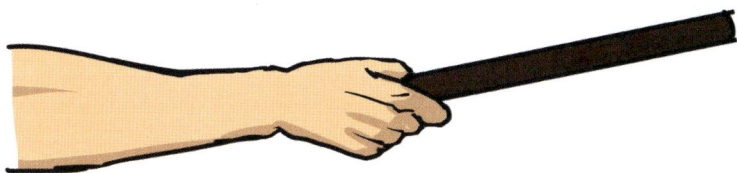

①轻轻地握住棍棒

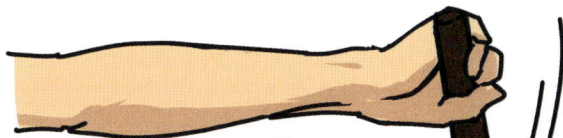

②以手腕控制棍棒向内
转动，利用棍棒的重量使
其自上而下旋转

②′也可以用手腕控制棍
棒向外转动，使棍棒经前
臂外侧纵向旋转

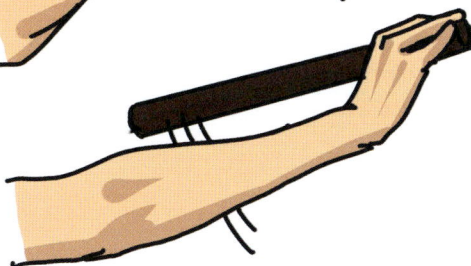

③棍棒经过前臂内侧
竖着向前旋转

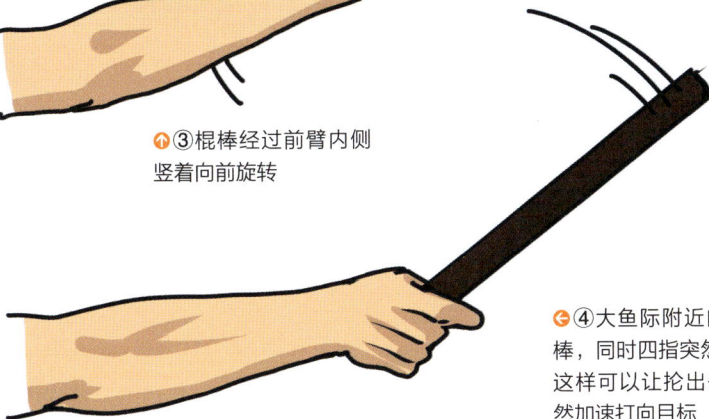

④大鱼际附近向前推动棍
棒，同时四指突然发力握紧，
这样可以让抡出去的棍棒突
然加速打向目标

Q 80

总有人用"剑道 3 倍段"来形容剑道之强，剑道真的有那么强吗

"剑道 3 倍段"其实是日语的一种表述方式，意思是当一个剑道 2 段水平的人手持武器时，其实际战斗力相当于徒手类格斗术 2 段水平的 3 倍，也就是 6 段水平。如果手持的是竹刀，刺击咽喉等要害另当别论，普通竹刀的击打并不会造成多大伤害，但手持真刀且精通日本刀法的高手对于赤手空拳的人来说几乎等同于无敌。在此以杀伤力介于二者之间的木刀为例进行讨论。

"3 倍段"第一个原因在于木刀击中目标时所产生的冲击力。只有空手道高手才能打碎的水泥块或者砖头，用木刀轻轻松松即可砸碎。也就是说，**木刀对于质地较硬的目标可以产生非常大的冲击力，而这在实战中可谓威力巨大**。像头部、手臂（特别是手腕附近）、胫骨、膝盖这样没有肌肉覆盖的部位如果被木刀击中的话，恐怕会当场骨折，双方胜负立判。此外，用木刀去戳击肌肉较薄的脖颈、膻中附近、肋骨下部等部位也会对对方造成巨大的伤害。

而"3 倍段"的第二个原因是，木刀的**攻击方式和攻击轨迹与拳打脚踢完全不同，所以很难准确地对其进行攻击预判**。木刀并不需要像棒球球棒或者网球拍一样用尽全身力气大幅度挥击，只要双手将全身的力量巧妙地通过木刀作用给目标即可。在实战中，对方可能根本没怎么动，结果木刀却像自己活了一样突然间就戳了过来（图 7-14）。

就我的经验来说，对阵精于居合拔刀术的高手时，不管如何用双眼凝视对方鞘中的刀，还是看不清楚对方是何时拔刀的，而且在刀刃出鞘之后也基本看不清刀的攻击路数。当我回过神来的时候，对方的刀刃（真刀要比木刀更沉）已经定在我的眼前了，留给我的只剩下刀刃上那透脊过背的森森寒意。所以，即便是精通打击系格斗术的高手，如果不了解剑道的招法路数，恐怕也难以应付比真刀更轻更快的木刀。

图 7-14 木刀的攻击难以预判

①这个架式方便刺击，所以对手很难接近

②当对方认为这是在双手持刀上举时……

④自上而下劈向对方头顶

③突然掉转刀头

面对手持木刀且精通日本刀法的对手时该怎么办

使用打击系格斗术的人之所以在对阵木刀时会感到手足无措，是因为敌我双方之间的距离太远。在徒手一方上步欺身踏入拳脚能及的范围之前，对方的木刀就已经劈到眼前了。古流剑术中还有像胁构①这样刻意将刀身隐藏在身后的架式，胁构表面上看起来并无什么危险，但实则暗藏杀机，如果徒手一方见对方的刀并没有挡在身前而贸然进攻的话，就会被木刀自上而下劈中头顶，或者被木刀自下而上撩中裆部要害。而且日本刀除了可以双手持握之外，还有攻击范围更大的单手运刀之法。更何况就算躲开了木刀的第一击，随后的第二击、第三击也会接踵而至。

所以，应付手持木刀且精通日本刀法的人的先决条件是我们自己也得修习剑道（日本刀法）并亲身掌握运刀击刺之法。只有看清对手挥刀进攻的路数以及跟得上对方的进攻速度，才有可能在实战中找到徒手对抗的办法。

基于上述理念，首先我们可以考虑一下，当对方用木刀自上而下劈砍我们脑袋的时候，我们该如何应对。在古代剑术中，当对方的刀自上而下劈向我们的脑袋时，我们会一边开右脚向右前方进步，即向刀劈砍轨迹的右侧（对方的左侧）躲闪，一边像忍者一样右手反握胁差（短刀）拔刀出鞘，护住自己的身体，挡住劈砍而来的刀并使其沿着胁差斜着滑向我们身体旁边。一旦招法精熟并在实战中运用灵活，即便手中没有兵器，面对迎面劈来的木刀，也能以同样的招法避开锋芒并将其夺下（图7-15）。

这招的关键在于耐心等待对方真正出刀击打我们头部的那一瞬间。早一步出招，对方会立刻根据我们的动作修正木刀的击打轨迹导致我们躲闪失败。

还有一种应对方法，不过这个方法多少要做好两败俱伤的心理准备，那就是

---

① 参照 Q78 一节中剑道的各种对敌架式的插图。

冲上前去用肌肉相对粗壮的肩膀或者后背硬扛下对方的木刀，并顺势抱住对方与其撕打在一起。遇上注重比赛得分的现代剑道还好，如果对阵的是实战招法体系完备的古流剑术高手，恐怕也非良策。所以说"剑道3倍段"这话实非虚言。

图7-15 古代剑术应对木刀劈砍脑袋的招法

🔴 右手反握胁差拔刀出鞘，在护住自己的身体的同时挡住自上而下直劈而来的木刀，并使其沿着胁差斜着滑向一旁，出招应对时还要在意念中想着用滑过去的胁差顺势横斩对方的脖颈

🔴 待这招精熟之后，即便手中无刀也能以同样的招法制敌

🔴 抢入这个位置后，既可以夺下对方手中的木刀，也可以直接施以打击

※ 以上招法插图参考甲野善纪先生在武术修习会上的讲解内容而绘制。

189

跟古流空手道或者中国武术相比，难道不是全接触空手道或者泰拳的腿法威力更大吗

曾经有一位中国武术的学习者叹息道："我们习练的踢法在出腿的时候多是通过膝关节伸展弹踢发力的，但是感觉似乎并不那么有效。"我还曾经听说过一件事，有位格斗高手抗击打能力很强，不戴护具也能轻易扛住用膝关节伸展发力的弹踢，然而有一次他对阵一位踢拳选手，虽然当时为了保险起见戴了较轻薄的护具，结果还是被踢拳选手的一记中踢腿直接击倒（图 7-16）。实际上根据我的测定，**踢拳选手低扫腿的冲击力要比踢断木制棒球球棒（最大值为 840kgf）所需的冲击力大得多（约 1200kgf）**。

即便如此，踢拳选手们也不会去做踢球棒这类击破表演或者练习，因为他们认为这对于提高比赛成绩没有丝毫用处。但是如果叫他们试着挑战一下击破，就会发现，踢拳选手拳脚的破坏力完全不输给空手道选手。

虽然我也认为所有腿法中**踢击冲击力最大的是泰式胫扫**，但是泰拳的腿法在实战中却未必是最强的。原因在于泰拳比赛是有规则限制的，但是中国武术或者古流空手道却是没有规则限制的。比如说，空手道中的前蹴的击打目标就是对方的裆部，一旦解除这个限制，没人在起腿进攻的时候敢用裆部大开的高踢腿（图 7-17）。中国拳法中也有抓住对手之后一边将其向前摔倒一边起脚踢击对方面门的恐怖招法，而在中国武术或者古流空手道套路中，高踢腿其实是一种用来提高腿法威力的训练方法。只有在练习时每招每式都高踢过头，才能逐渐锻炼出惊人的踢击力量。

传统空手道也好，中国拳法也罢，在与对手撕打扭摔的近距离攻防战中，都会寻找时机用脚跟踩踏对方的膝关节，或用膝盖横向或从后面撞击对方的膝关节，而这一类击打方法只要找好角度，就可以对膝关节造成远比低扫腿更加恐怖的永久性伤害，所以说，我认为泰式胫扫是规则之下的最强踢法。

图 7-16 威力巨大的泰式胫扫

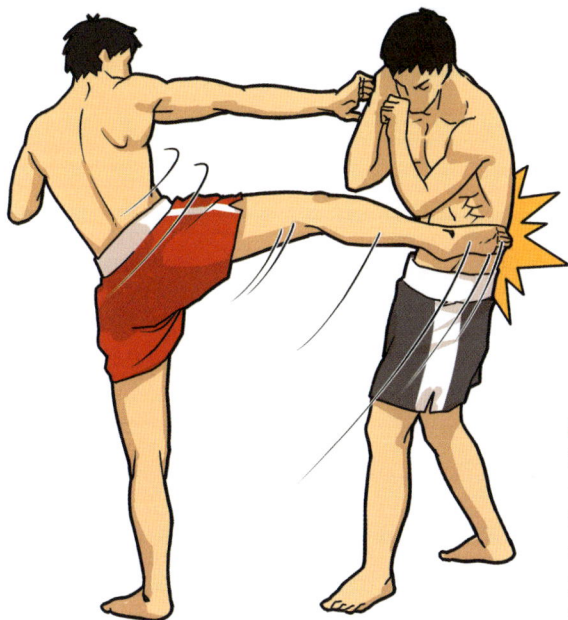

🔶力量大到能把整条小腿嵌入对方肋腹部的中踢腿。在泰式胫扫出腿踢击的整个过程中，最后阶段是靠最大限度伸展膝关节来弹动小腿，使其像棒球球棒一样扫向对手的。如果是胫骨中部击中对方，中踢腿就变成可以把大腿和小腿的动量全部作用到对方身体上的重腿

图 7-17 前蹴反制高踢腿

🔶空手道的前蹴瞄准的就是对方的裆部，如果贸然用高踢腿发动进攻，大敞四开的裆部恐怕就要遭殃了

83

泰拳或者全接触空手道中的扫腿（横踢腿）在实战中有效吗

　　精通泰拳或者全接触空手道的人可以踢出快速而强劲的扫腿，在仅用拳脚踢打的格斗环境下，或者是对付不了解其打击系技法的对手时，扫腿是非常有效的。

　　当经过强化训练的小腿（胫骨）大力踢来的时候，如果手臂的格挡方法不对，格挡手很有可能会被一击踢断。即便双方近距离接触，很多精于腿法的高手也能起腿进攻（图7-18），此时由于双方距离过近，反倒会因为自己身体或者手臂的遮挡而产生视线盲区，自然也不会对来自视线盲区的攻击有所警惕了，所以如果中了来自这些视线盲区的突然袭击恐怕会被一击撂倒。低扫腿产生的冲击力比一根抡过来的棒球球棒还要大，腿部中了这样一记正面重击，可能会登时麻痹、无法动弹。中踢腿的起势招法跟膝撞很像，小腿胫骨中部能施加给对方身体相当巨大的冲量，威力大到整条小腿能像粗棒子一样砸进对方身体。

　　但是，即便威力如此恐怖，扫腿在各种不同的实战环境下也会暴露出各种各样的弱点，具体来说主要是来自**服装和打斗环境**两方面的限制。

　　首先，要想起高腿踢击，**髋关节必须柔韧且灵活**。如果起腿时正巧穿着紧贴身体的牛仔裤，或者裤兜里鼓鼓囊囊地塞着钱包、钥匙什么的，就会使活动受限，高踢腿就会无法发挥，与平时相比，踢腿高度、出腿速度及踢击威力都会大幅下降。

　　其次，我们再看看打斗环境，以餐馆里面的打斗为例，在如此局促的空间内，周围的桌椅板凳都会成为妨碍我们起腿踢人的障碍物。而如果在狭窄的走廊里开战，那么当对方靠着我们右手边（对方的左边）的墙壁时，我们就无法起右腿扫踢了；反之，对方如果贴着我们左手边的墙壁，我们就无法起左腿扫踢了；**如果对方逃到角落里，那我们的左腿和右腿都无法扫踢了**（图7-19）。

　　不仅是回旋踢或者扫腿这样大幅度的横踢腿法，像前踹或者弹裆腿这样灵巧快速的小幅度腿法也会受到周遭环境的限制。比如说，周围的地面很滑，可能会随时滑倒，在这种环境下，连走几步都要加倍小心，更不要说起腿踢人了。所以说，竞技型格斗术中那些华丽帅气的腿法需要有擂台这样便于选手移动的场地和空间作为前提才使得出来。

图 7-18 可以近距离发动进攻的高踢腿

➔ 即便对战双方距离很近，双腿张开角度近 180° 的高踢腿也能发挥威力

图 7-19 扫腿受空间限制

➔ 在空间狭小的餐馆、走廊或者墙角，像空手道的回旋踢或者泰拳的扫腿这样的腿法是无用武之地的

84

在 K-1 比赛中，遇到高踢腿时选手通常会用手臂去格挡，那么其他武术又是如何应对高踢腿的呢

　　不只是空手道的回旋踢或者泰式胫扫这样的横踢腿，只要对方出腿踢来，最糟糕的应对方法就是在其威力最大、势头最猛的瞬间伸手格挡。在讨论如何应对踢击之前，请各位读者先注意一个问题，那就是膝关节的极限伸展角度是180°，所以那些利用膝关节伸展发力弹踢的腿法，在踢击力量达到顶峰之前，膝关节就已经完全停止运动了。因此，**只要我们躲在膝关节的极限伸展角度之外的位置，对方的踢击腿就鞭长莫及**。就算是因为力量过大，踢击腿会带动身体旋转一周的泰式胫扫，如果我们逃到其膝关节极限伸展角度之外的位置，横扫而来的小腿的威力也会大打折扣。

　　在 K-1 比赛中，应对踢腿的方法多是遵循这个原理，闪到踢击腿膝关节的极限伸展角度之外，同时用手臂挡住威力已经大幅下降了的踢击腿。在比赛中经常能看到选手利用这个技巧**截抱住对方攻击速度下降的踢击腿，然后上步绊倒对方的支撑腿**。如果严格按照 K-1 的规则来看，这招算是犯规，而且也不算得点；从观众的角度来看，就是抓住对手的没威力的踢击腿，然后摔了对手一跤而已，没有什么看点。

　　以上是在格斗比赛中应对高踢腿的方法，接下来给各位读者介绍一下这个技巧在街头打斗中的实战版本。在没有规则的实战中，倒地实际上意味着已经输了一半。同样，街头实战也要遵循上文提到的那个基本原理。**首先要避其锋芒，在对方起腿时迅速移动至踢击腿的攻击范围之外，或者击打威力下滑严重的位置**，看准时机，迅速出手抓住对方的踢击腿，之后就可以如图 7-20 所示，以手刀击打对方脖颈，同时将其掀翻在地。甚至可以在对方后仰摔倒的过程中对其继续施以击打，这会令对方所受的伤害倍增，这一点在前面的章节里已经说过，人在失去平衡摔倒的过程中是无法采取有效防御措施的。

图 7-20　在实战中应对高踢腿

➡向左侧移动，避开对方踢击腿的锋芒，然后趁机抱住对方威力减弱的踢击腿，同时用手刀砍其脖颈

⬆最后顺势将失去重心的对手向后掀翻在地

此外，图 7–21 中使用的招法也是一边移动至对方踢击腿难以触及的位置，一边用**手肘格挡对方踢击腿的膝关节处**，进入这个位置后对方的踢击腿绝对无法击中我们。我们可以一边打掉其失去威力的踢击腿，一边迅速上步欺身，用前腿的膝盖从外侧别住对方的支撑腿，然后像相扑中的"切返"①一样将对方向后扭翻在地。还可以根据对方摔倒的姿势，趁机用掌根击打对方的裆部要害。

在街头实战中使用以上这些招法摔投对方时，可以通过控制力道和摔投方向**使对方后脑勺先着地**。如果对方在被摔倒之前已经被打得意识模糊，再被摔向坚硬的水泥地或者石子地，恐怕会有生命危险。

还可以根据情况将图 7–21 中上图所示的招法做少许变化，比如**改变推挫对方膝关节的角度，使其朝着反关节方向弯折，或者成功抓住对方的踢击腿之后，一边将其向着膝盖的反关节方向弯折，一边将对方摔翻在地**。

另外，相较于躲在对方踢击腿膝关节的极限伸展角度之外，还有一个更加安全的位置。如图 7–21 中下图所示，当对方起高踢腿攻击的时候，我们**身体下潜，迅速移动至对方的支撑腿附近**。由于踢击腿是以支撑腿为旋转轴转动的，而踢击腿上离旋转轴最近的大腿部分旋转速度并不快，所以即便被踢击腿的大腿击中也不会受到什么伤害。

但也不能冒冒失失地正面直冲，因为无论哪个流派的横踢腿在发力踢击之前都要先面向对方起腿提膝，因此如果在对方提膝的瞬间下潜近身，自己的面门很可能会撞上对方的膝盖。所以，为免于此，首先要上身右转，使自己以侧身位对敌，这样**既能避开对方提起的膝盖，又能像图 7–21 所示那样迅速上步欺身**。

为了防止对方的膝盖撞到我们脆弱的后脑勺，还可以在下潜近身、用手肘戳击对方小腹的同时，手肘弯曲，护住我们的后脑。因为这种肘击是利用全身下潜上步的力量直撞出去的，所以除了能给对方造成非常严重的伤害之外，还能把对方向后撞翻。再者，只有那些能够准确抓住对方起腿时机、正确判断其踢击轨迹的高手才能成功使出这招。总之，在实战中如果胡乱出手截抱对方的踢击腿，恐怕会像撞上能带来双倍伤害的迎击拳一样，直接撞到对方有双倍杀伤力的迎击扫腿上。

---

① 译者注：相扑中的这招在日语中称作"切り返し"，现代运动剑道中有一种对练方法的称谓与之相同，但二者属不同体系中的不同内容。

图 7-21　应对高踢腿的两种实战招法

➡向左侧，即对方高踢腿膝关节伸展范围之外的位置移动，避开对方踢击腿的锋芒，而后肘部挡在踢击腿的大腿处

⬆当对方用高踢腿进攻的时候，我们快速下潜、上步欺身，上身右转以防止撞上踢击腿的膝盖，左臂弯曲以护住自己的后脑，同时用顶出去的左肘乘势戳击对方小腹，并借助上步前冲的力量将对方向后撞翻

85 Q

像跳舞一样的合气道和太极拳能实战吗

　　合气道和太极拳动作优雅、柔缓大方，因为在保健方面效果显著，所以深受大众欢迎，正因为如此，关于合气道和太极拳实战效果的质疑也随之产生了。首先说结论，如果完全不考虑招法的实战攻防含义，仅仅不断重复练习合气道的基本"型"①或者太极拳套路的话，无论练多少年都是不可能实战的。但是如果跟随熟知并掌握了这些招式和套路实战含义的老师认真学习和努力修炼，就能**逐渐具备竞技型格斗术所不具备的可怕的实战能力**。

　　我曾经跟一位常年在某个武术修习会习练实战合气道的人切磋过，那个人用右手抓住我的右手手腕并按向我胸前。我心中窃喜，"来得正好"，并试着用反关节技法反击（图7-22），结果我非但无法反击，甚至连逃都逃不掉。我的右手一直被对方按在胸前，连动都动不了。估计这个人当时是通过我的右手把我用来使出反击技法所必需的身法移动都给"封住"了。

　　而历史上关于合气道的实战战例更是举不胜举。合气道的开山鼻祖植芝盛平曾经轻而易举地抓住日本拳击冠军"活塞堀口"的直拳。植芝盛平的高徒盐田刚三在眨眼之间就把保护美国政要的保镖摁倒在地，并借此一战成名，享誉国际。

　　还有个擅长高踢腿的格斗选手去挑战某位著名的太极拳师父，当时这个选手心中本来打着"一脚击倒他"的如意算盘，结果一交手反倒被人家一下子击倒了，最令人尴尬的是他连自己是怎么被击倒的都没搞清楚。这种趣闻时不时地就会传到公众的耳朵里。总之，合气道也好，太极拳也罢，都是在古代**假定对方手持利刃的无规则条件下创造并发展至今的武术**，所以其实战能力是不言而喻的。但是需要注意的是，只有在真正的高手门下经过长年累月、认认真真、脚踏实地的修炼，才能真正掌握其精髓并将之用于实战。

_____

① 译者注：日语中的"型"指的是日本武术中的各种规范招式或者套路。

图 7-22 我计划的反击方法

①当我的手腕被对方像
这样抓住并按住的时候

②我立刻将手抽出来

③反过来向对方施以
反关节技法

86 Q
像合气道或者太极拳这样的传统武术 如此厉害的秘密是什么

　　现代竞技型格斗术是以很多限制为前提建立起来的徒手格斗体系，如不能手持利刃、禁止多打一、规定禁击部位或禁用技法等；而传统武术体系的建立过程中则没有限制。因此，克制任何一种竞技型格斗术，最有效的方法就是使用该种格斗术体系中禁止使用的技术。各位读者可以想象一下，如果在柔道比赛中，有一方可以随心所欲地拳打脚踢，而在拳击比赛中，有一方可以自由使用摔法，那会是怎样一种打斗场面。

　　除了无限制规则之外，传统武术的另一大特征就是不单单强调提高肌肉力量和速度。传统武术与竞技型格斗术相比，**在人体的开发和利用方式上有本质的区别**。关于这一点，如果面面俱到、详细解释的话，会十分复杂，所以这里为各位读者举一个简单的例子，比如说，在"破坏对方身体平衡"这点上，传统武术就体现出了与柔道完全不同的理念。

　　柔道是从不同方向向对方施加力，当对方自身的力量不足或者身上被施加的力突然改变方向而无法及时发力应对时，身体就会失去平衡。在整个过程中，对方虽然知道自己的平衡被破坏了，但却无力反抗，或者没能及时应对。但是在合气道或者太极拳这样的**传统武术里，对方根本无法察觉到自己的平衡已被破坏**。

　　比如说，一位练习柔道的人跟体格很小的老师肩膀互顶，结果稀里糊涂地就失去了平衡，等回过神来的时候人已经翻倒在地并挨了拳脚，平时练就的肌肉力量和劲力都被"封住"了，根本就没能使出来。

　　再说一个我的亲身体验，那是我跟一位年纪很大的武术老师对练时发生的事。当时我出手抓住了老师的手腕，而老师既没有使用脱逃技法，也没有用反关节技法，仅仅是"唰"的一下抬起被我擒住的手腕，紧接着我就感到从老师手上传来一股难以抗拒的"巨大的力量"把我向后推了出去。但是这位老师却若无其事地嘟囔道："到底是手术之后，身体还是无力啊。"日本传统武术就是这样破坏对手身体平衡的（图7-23）。

图 7-23　用日本传统武术破坏对方的身体平衡

①在抓住对方手腕的瞬间，身体平衡就已经开始被破坏了

②被向后推出去

要学就学最强的格斗术，
但格斗术如此众多，哪种最强

　　我小的时候认为最强的英雄是姿三四郎。三四郎其实是小说家们以明治时代讲道馆的柔道高手西乡四郎为原型塑造出来的虚构人物，除了小说之外，三四郎还多次被搬上了大银幕。在三四郎这里，柔道成了一种可以一击必杀的恐怖格斗术，凭借这种格斗术，三四郎战胜了诸多使用空手道的恶人狂徒，甚至还打败了美国人自以为天下第一的拳击。继三四郎之后，以极真会馆创始人大山倍达为主人公的漫画《一代空手道大傻瓜》①横空出世，火爆异常，由此几乎所有日本人都认为空手道特别是极真会馆的空手道才是最强的格斗术。而这之后就进入了公众认为全接触空手道、泰拳等打击系格斗术是最强的时代。

　　我曾经倡导过"相扑术最强论"，但后来提出了在禁用摔投、抓拿、头槌等技法的"有规则限制格斗术体系"中"竞技性较强的打击系格斗术才最强"的观点。此外我还想强调一点，那就是最强的并不是相扑术这门武艺，而是那些体格强健、技术优秀的相扑力士们。

　　不过随着前横纲级相扑力士曙太郎在 K-1 比赛中屡遭失利，相扑术最强论逐渐遭到批判。但是如果我们同样从"K-1 的规则维系着 K-1 的比赛"这个出发点来看问题就会发现，如果 K-1 的选手没能在相扑的规则下或者说至少开放到可以自由使用摔投、抓拿甚至头槌这些相扑技法的规则下打败曙太郎或者白鹏这样的横纲级相扑力士，就不能武断地说 K-1 比相扑强。

　　让我们再回到"什么是最强格斗术"这个话题，20 世纪 70 年代，以李小龙为原策划的关于中国功夫的电视连续剧《功夫》②在美国形成热潮，人们逐渐认为

---

① 译者注：该漫画日文原著名为"空手バカ一代"，中国台湾地区繁体中文版译名为"极真派空手道"。

② 译者注：该剧由美国华纳兄弟公司制作出品，大卫·卡拉丁（David Carradine）主演，ABC 电视台从 1972 年 10 月至 1975 年 4 月持续播放了将近 3 年，共 63 集，英文原名"Kung Fu"，日文版名为"燃えよ！カンフー"。

像拳击那样仅凭双手打斗的格斗术不可能是最强的格斗术。再加上李小龙在随后的《龙争虎斗》等功夫片中凭借其华丽潇洒又威力无比的腿法不断刷新世人对格斗的认知，自那时起，以李小龙为代表的拳击加高踢腿的格斗体系开始在世界范围内续写新的最强格斗神话。

而接下来颠覆了拳脚功夫最强这个神话的是源自日本柔术的巴西格雷西柔术以及其领军人物雷克森·格雷西（Rickson Gracie）。**不仅是打击系技术选手，连主攻摔投系技法的选手都会被他们拖入地面缠斗的泥沼中难以抽身，异军突起的格雷西柔术凭借其精湛的地面缠斗技术不断攻城略地，给整个格斗界带来一场地震**。一时间"格雷西柔术最强"的呼声一浪高过一浪，但格雷西家族的选手在面对柔道选手出身的吉田秀彦时却难有佳绩（图7-24）。

回首整个近代竞技型格斗术的发展史我们就会发现，究竟谁是最强格斗术这件事根本就无法下定论，特别是在情况复杂的无规则实战中，由于打斗环境和实际情况千差万别，不同类型的格斗术适合不同的条件和环境，因此只能勉强说某种格斗术在其所对应的条件下是最强的。

比如在街头实战中，我们用格雷西柔术将一个人拖入地面缠斗中，此时如果周围有对方的伙伴，吃亏挨揍的一定是我们自己。徒手格斗术在面对持械的对手时又根本无从下手，比如在逮捕手持利刃的凶犯时，有柔道经验的警察腹部常会遭到致命的刺伤，有空手道经验的警察手脚常被割伤，精通剑道的警察则可以用警棍轻而易举地击落凶犯手中的利刃……

再比如，面对像日本战国时代的铠甲武士一样身着橄榄球护甲的对手时，拳打脚踢基本无效，如果周围是草地，即便对手被摔倒也不会受很大的伤害。这时候用日本古流柔术中的技法应付可就简单多了，要知道在你死我活的古代战场上，通常先用柔术中的反关节技法攻击铠甲武士的腕关节或者肘关节，然后一只手死死控制住对方，同时腾出另一只手拔出腰间的短刀刺向对方的颈部。如果对方穿的是日常的衣服，流传至今的很多柔术流派都有更为简单的、不伤害对手就能将其制服的招法。如果单纯以击倒对手为最终目标，讲得直接一点，最快击倒对手的办法其实是用枪，但是出于社会治安等诸多问题的考量，日本是禁止私人持有枪支的。在社会治安良好、禁止私人拥枪持枪的日本，我的建议就是不要去追求什么虚无缥缈的"地表最强梦幻格斗术"，而要安下心来根据自己的喜好和体格选择一门适合自己的格斗术，踏踏实实地好好修习。

图7-24　吉田秀彦对阵霍伊斯·格雷西

⬆ 2002年8月28日，东京国立竞技馆内格斗赛场上的一幕：来自吉田道场的吉田秀彦从上位进攻巴西格雷西家族的霍伊斯·格雷西（Royce Gracie）
图片来源：时事新闻

88

相扑选手在比赛时只穿兜裆布，那么穿上衣服之后，相扑术还有效吗

首先要明确一点，抓住对方的兜裆布绝对更容易摔倒或者摁住对方。在实战中，如果没有兜裆布，抓住对方裤腰上的布料或者腰带其实效果也一样。相扑术在抓住对方上衣后所用的摔投技法跟柔道在抓住对方上衣后所用的摔法大同小异，本文只介绍相扑术独有的几种技法。

比如在跟对方正面对撞的时候，看准即将撞上对方的瞬间，伸出左手自下而上抓住对方兜裆布的腰带，注意伸手抓取对方兜裆布腰带的时候不要单纯地探腰伸手，因为这样会导致自己上身前倾、重心不稳，对方这时只要向旁边稍稍闪身，我们就可能会向前扑倒。关于这招，在相扑术中有"以步拿腰"的说法，意思是步子只要进得深，手自然就能轻松地逮到对方兜裆布上的腰带了。

左手一旦逮住对方兜裆布上的腰带，马上用力向自己怀中回拉，将对方的右侧腰拉直。回拉的时候最好再加上上提的力量，把对方整个身体向上抬，令其右腿髋关节和膝关节都处于伸展状态，这样，对方双腿的姿势就变成了短跑中速度最快的途中跑姿势。这个姿势的特点是奔跑速度快，但是抓地力量弱，因此对方向前顶的力量也会随之变弱。

此时对方处于高位，我们则沉腰坐胯（髋关节屈曲）、膝盖弯曲，正好是短跑中的起跑姿势，整个身体处于**非常适合双脚向后蹬地为全身加速**的低位。

如果对方身形庞大、体格健硕，我们可以用头死死顶住对方的胸口或者下巴，阻止对方通过恢复上身前倾的姿势找回身体平衡。而空出来的右手则可以用日语中被称为"弭押"的相扑手法，**用手掌自下而上推按对方的胸部或者肋部**。注意，推按对方时要将弯曲的手肘固定在自己的胸肋部，借助腰的力量去推，而不是仅仅依靠手臂，这样才能产生足够大的力量将对手向后顶翻（图7–25）。如果能熟练掌握这个招法，无论和什么样的对手较劲，应该都能不落下风吧。

图 7-25　正面对撞时的相扑技法

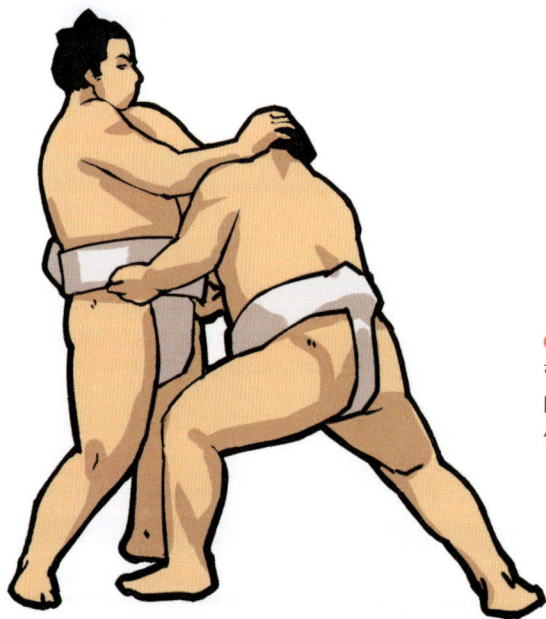

● 抓住对方兜裆布上的腰带，抬高对方的双腿，同时压低自己的双腿并用身体压向对方

● 一边用右手以"弭押"的手法将对方的身体向上推，一边向前顶对方

后 记

儿童时代的我身体瘦弱、不擅运动。比如说，我跟小伙伴们玩当时非常流行的棒球投捕游戏，我做捕手时基本接不到球，投球时因为控球能力差而总是投不中目标，搞得大家都不愿意带我玩。不仅运动能力差，连肌肉力量也弱，记忆中我掰腕子从来就没有赢过。

正因为如此，久而久之，就算有事情想跟小伙伴们说也不敢张嘴，总是畏首畏尾。那个时候的校园欺凌虽然还没有像现在这样隐蔽且呈现出团伙性质，但是我总是成为别人欺负的靶子，常常是挨了欺负，一个人边哭边往家跑。

由于以上种种原因，我从小就憧憬着自己能像电影中的英雄一样强大。十载寒窗，考上大学，我从繁重的学业中彻底解放出来，终于可以着手去实现自己的英雄梦了。

我最初是从肌肉锻炼（当时被称为"健美"）开始的。那时我体格瘦小，成天跟一群肌肉健硕的人在一起，虽然天赋极差，但多亏了朋友们不厌其烦地陪着我一遍一遍地重复着各种枯燥的杠铃训练，原本干巴巴的肌肉也逐渐粗壮起来，我甚至一度达到卧推 70kg、深蹲 100kg 的极限水平。

我的身体也逐渐出现各种有趣的变化，比如说，朋友试着用竹刀击打我的肩膀，我可以瞬间绷紧肌肉将打来的竹刀反弹出去。与过去那个羸弱不堪的自己相比，那时的我，无论是精神还是肉体都变得更加强大了。与小时候轻轻一碰都会觉得肉体和心灵受了莫大的打击一样又哭又闹的自己相比，简直是判若两人。一直亦步亦趋、胆小怕事的我逐渐变了，整个人也开始自信起来。

接下来练的是少林寺拳法。通过肌肉锻炼脱胎换骨后，我毫不犹豫地投身于过去感到恐怖又难以接近的武道世界。但由于天生筋骨僵硬、柔韧性极差，不但踢腿一直踢不高，对反关节技法也是疲于应付。跟比自己晚入门的学员对阵，也常常被人家的反关节技法掰得哇哇乱叫，再加上后来我的腕关节出了毛病，最终我没能熬到黑带就灰溜溜地从大学里的少林寺拳法部退社了。

虽然自己的武道修行以失败告终，但在修习拳法的过程中，我不但对拳脚踢打的恐惧感逐渐减弱，而且在面对强劲对手时也能坚定信心、集中精神去全力应对。这种精神上的蜕变给我今后的人生带来了莫大的帮助，而且在练习健美时学到的人体肌肉构造方面的知识以及修习拳法时学到的武术格斗方面的知识都对我后来从事的生物力学研究起到了相当大的帮助作用。所以说，人生无论做什么，只要拼命钻研就是一件好事，老天是不会辜负有心人的。

三十多岁的时候，我开始热衷于公路自行车赛。某次公路自行车比赛的参赛选手特别多，一个挨着一个，彼此之间距离非常近，我身后的选手碰巧在超车时不小心摔倒在地。比赛结束后，那个人直接找到我，一边大叫"你这家伙怎么挡我的道！"，一边伸手逮住我的前襟。这种场面如果放在以前，我恐怕会吓得直翻白眼，还没明白怎么回事就被人直接扭翻在地了。

但可能因为经历过武术修行，我当时十分冷静。对方虽然身高体壮、气势逼人，但瞬间我就看出来他根本不会武术。如果当时我瞄准对方的下巴，用已经掌握的寸劲发力技巧配合掌底打①，估计只要一击即可将其撂倒，所以尽管对方哇哇乱叫、暴跳如雷，我心中却一点儿也不害怕，只是跟对方有一句没一句、不咸不淡地理论着。正在我们争执不休的时候，对方的熟人赶上来，将其拦下并且开导他"比赛中的突发事件怨不得人家"，最后我们和解，事情圆满解决。

那之后我依然继续武术修习，我现在的功夫可比当时强多了。这种

---

① 译者注：日本少林寺拳法中的一种用掌根击打目标的招法，详情参考 Q19。

"强"可以让我在人生中无论遇到什么样的困难都能冷静对待；这种"强"可以让我避免许多无谓的争执，与周围的人减少争斗、和平相处；这种"强"是一种来自精神深处的心灵上的强大。所以，在这里我想告诫各位青年读者，锻炼肉体的同时也是在磨炼意志，内心强大才是真正的强大。

　　最后要感谢为本书绘制如此多精美又极富表现力的插图的 dackQ 先生以及科学书籍编辑部的石井显一先生。特别是 dackQ 先生，总是不厌其烦地根据我提出的各种苛刻要求，一遍又一遍地反复修改插图。

参考文献

『最強格闘技 ザ・ムエタイ』　望月 昇 / 著（愛隆堂、1989 年）

『隠されていた空手』　桧垣源之助 / 著（チャンプ、2005 年）

『格闘技 技の大事典』　ベースボール・マガジン / 編
（ベースボール・マガジン社、2006 年）

『佐川幸義先生伝 大東流合気の真実』　高橋 賢 / 著（福昌堂、2007 年）

『はじめよう! 少林寺拳法』　ベースボール・マガジン / 編
（ベースボール・マガジン社、2009 年）

『強くなる近道 力学でひもとく格闘技』　谷本道哉 / 著、荒川裕志 / 共著
（ベースボール・マガジン社、2009 年）

『ボクシング』　（新星出版社）

『柔道』　（新星出版社）

『格闘技「奥義」の科学』　吉福康郎 / 著（講談社、1995 年）

『武術「奥義」の科学』　吉福康郎 / 著（講談社、2010 年）

DVD『無形塾太極拳実戦理論太極拳を使う!』　（BAB ジャパン）

校対

曽根信寿

索 引

武学名家典籍丛书

杨澄甫武学辑注 《太极拳使用法》《太极拳体用全书》	杨澄甫 著 邵奇青 校注			
孙禄堂武学集注 《形意拳学》《八卦拳学》《太极拳学》 《八卦剑学》《拳意述真》	孙禄堂 著 孙婉容 校注			
陈微明武学辑注 《太极拳术》《太极剑》《太极答问》	陈微明 著 二水居士 校注			
薛颠武学辑注 《形意拳术讲义上编》《形意拳术讲义下编》 《象形拳法真诠》《灵空禅师点穴秘诀》	薛 颠 著 王银辉 校注			
陈鑫陈氏太极拳图说（配光盘）	陈 鑫 著	陈东山	陈晓龙	陈向武 校注
李存义武学辑注 《岳氏意拳五行精义》 《岳氏意拳十二形精义》《三十六剑谱》	李存义 著 阎伯群 李洪钟 校注			
董英杰太极拳释义	董英杰 著 杨志英 校注			
刘殿琛形意拳术抉微	刘殿琛 著 王银辉 校注			
李剑秋形意拳术	李剑秋 著 王银辉 校注			
许禹生武学辑注 《太极拳势图解》 《陈氏太极拳第五路·少林十二式》	许禹生 著 唐才良 校注			
张占魁形意武术教科书	张占魁 著 王银辉 吴占良 校注			

武学古籍新注丛书

王宗岳太极拳论	李亦畲 著 二水居士 校注
太极功源流支派论	宋书铭 著 二水居士 校注
太极法说	二水居士 校注
手战之道	赵 晔 沈一贯 唐顺之 何良臣 戚继光 黄百家 黄宗羲 著 王小兵 校注

拳道薪传丛书

三爷刘晚苍——刘晚苍武功传习录	刘源正　季培刚　编著
乐传太极与行功	乐　匋　原著　钟海明　马若愚　编著
慰苍先生金仁霖太极传心录	金仁霖　著
中道皇皇——梅墨生太极拳理念与心法	梅墨生　著
杨振基传太极拳内功心法	胡贯涛　著
卢式心意拳传习录	余　江　编著
习练太极拳之见闻与体悟	陈惠良　著
廉让堂太极拳传谱精解	李志红等　编著
武当叶氏太极拳	叶绍东　何基洪　蔡光复　著
功夫上手——传统内功太极拳拳学笔记	陈耀庭　著　霍用灵　整理
会练会养得真功	邵义会　著
八极心法——传统八极拳，现代研究修法	徐　纪　著
犹忆武林人未远 ——民国武林忆旧及安慰武学遗录	安　慰　著　阎子龙　田永涛　整理

功夫探索丛书

内家拳的正确打开方式	刘　杨　著
借力——太极拳劲力图解	戴君强　著
武学内劲入门实操指导	刘永文　著
武术的科学：实战取胜的秘密	〔日〕吉福康郎　著　宋卓时　译
格斗技的科学：以弱胜强的秘密	〔日〕吉福康郎　著　宋卓时　译

扫码一键购

编辑推荐

内家拳的正确打开方式

定价：80 元

刘　杨　著

借力——太极拳劲力图解

定价：50 元

戴君强　著

武学内劲入门实操指导

定价：59 元

刘永文　著